कैसे तोड़े निर्धनता की जंजीर

डॉ. एच.एल. माहेश्वरी

डायमंड बुक्स

www.diamondbooks.in

प्रकाशक : डायमंड पॉकेट बुक्स (प्रा.) लि.
X-30 ओखला इंडस्ट्रियल एरिया, फेस - II
नई दिल्ली- 110020
फोन : 011-40712200
ई-मेल : wecare@diamondbooks.in
वेबसाइट : www.diamondbooks.in
संस्करण : 2024

KAISE TODEN NIRDHANTA KI JANJIR
by *Dr. HL Maheshwari*

स्वकथन

निर्धनता - इसे चाहें गरीबी कहें, दरिद्रता कहें या अर्थाभाव की स्थिति सभी समस्याओं की जड़ है। मानव के लिए सबसे बड़ा अभिशाप है। यह न केवल उन्नति का मार्ग अवरुद्ध करती है वरन् अनेक बुराइयों को भी जन्म देती है। प्रेम के स्थान पर कलह और आनंद के स्थान पर दुःख उपजाती है। कई बार तो यह मनुष्य को मनुष्य नहीं रहने देती और अपमान, अभाव, लांछन, ग्लानि आदि द्वारा आत्महत्या जैसी दुःखद घटनाएं उपस्थित करती है। संसार में निर्धनता से बढ़कर कष्टदायक और कोई चीज नहीं है। प्रकृति ने मनुष्य को अभावमय निकृष्ट जीवन जीने के लिए नहीं बनाया है। मनुष्य सर्वश्रेष्ठ जीवन-यापन कर सकें यही, प्रकृति चाहती है।

आप यदि निर्धनता की जंजीर में जकड़े हुए हैं और अपने आपको इससे मुक्त होने में असहाय पा रहे हैं, साथ ही अपने दुर्भाग्य पर रोते भी हैं, तो ऐसी परिस्थिति के लिए भाग्य, ईश्वर, सरकार या अन्य किसी मनुष्य को दोषी ठहराते होंगे, सोचते होंगे कि ईश्वर और उसकी दुनिया कितनी अन्यायी है, जो किसी को तो विपुल धन दौलत देती है और किसी को निर्धनता के आंसू बहाने के लिए छोड़ देती है?

सैकड़ों निर्धन व्यक्तियों के जीवन का अध्ययन करने के बाद मैंने यह पुस्तक लिखी है। इसमें कुछ ऐसे लोगों की प्रेरणादायक कहानियां भी हैं जो शून्य से शिखर तक पहुंचे हैं, जो कभी गरीबी, अशिक्षा और असफलताओं से ग्रस्त रहे हैं, परंतु उन्होंने हार मानने से इंकार कर दिया तथा अपने परिश्रम हौसले और लगन के दम पर सफलता के उच्चतम पायदानों तक पहुंचे हैं।

"कैसे तोड़े - निर्धनता की जंजीर" पुस्तक अब आपके हाथ में है। आपको अब निर्धनता के लिए आंसू बहाने की आवश्यकता नहीं है। यह पुस्तक निर्धनता के मूल कारणों को उजागर कर आपको एक ऐसा सीधा सरल जाँचा परखा और आजमाया हुआ रास्ता बताएगी, जिस पर चलकर आप निर्धनता की जंजीर तोड़कर खुशहाली की जयमाला पहनकर आनंद भरी जिंदगी जी सकेंगे।

पुस्तक को लिखने में मेरी जीवन संगनी श्रीमती लक्ष्मी माहेश्वरी, पुत्र डॉ. पंकज एवं पुत्रवधू डॉ. श्रद्धा माहेश्वरी, पुत्री डॉ. सपना माहेश्वरी (यू.के.) द्वारा दिए गए सहयोग एवं प्रेरणा के प्रति उनका आभारी हूँ। आभारी हूँ उन समस्त पत्र-पत्रिकाओं को जिनसे मिली जानकारी पुस्तक लिखने में सहायक रही है। वरिष्ठ साहित्यकार डॉ. शिव चौरसिया से मिले मार्गदर्शन के लिए मैं उनके प्रति अपनी कृतज्ञता व्यक्त करता हूँ।

पुस्तक में लिए गए उदाहरण उद्धरण शेर, शायरी, शोध, रिपोर्ट आदि स्त्रोत को नोट नहीं कर पाया हूँ लेकिन उन सभी के प्रति हृदय से आभार व्यक्त करता हूँ।

–डॉ. एच. एल. माहेश्वरी

1 महावीर नगर, विद्या नगर के पास

सावेर रोड़ उज्जैन (म.प्र.)

मो. : 9827265724

ईमेल : hlujjain@yahoo.co.in

अनुक्रमणिका

1.

धन की महिमा

जिसके पास धन है, वही पुरुष कुलीन हैं। वही पंडित है, वही विद्वान और गुणज्ञ है, वही वक्ता है, और वही दर्शनीय है।

–संत राजर्षि भर्तृहरी के नीतिशतक ग्रंथ - श्लोक - 41

भारतीय धर्म ग्रंथों में मनुष्य जीवन के चार लक्ष्यों धर्म, अर्थ, काम, और मोक्ष का उल्लेख हुआ है। इन्हें पुरुषार्थ की संज्ञा दी गई है। इनकी साधना से मनुष्य इस संसार और परलोक में तर जाता है। इनमें अर्थ और काम को महत्वपूर्ण स्थान दिया गया है। नैतिक तरीके से धन अर्जन और उसका वर्धन सबसे बड़ा पुरुषार्थ है। इस कर्म को निष्ठा और समर्पण से करने वाला निश्चय ही कर्मयोगी होता है।

धन की महत्ता तो मनुष्य जीवन में इतनी अधिक है कि जीवन की पूर्णता के लिए इसे अनिवार्य माना गया है।

वैसे भी जन्म से लेकर मृत्यु पर्यंत तक मनुष्य का एक भी काम ऐसा नहीं जो अर्थ के बिना संपूर्ण हो सके। श्रीमद्भागवत गीता कहती है कि धन पाने की लालसा का स्वभाव ऐसा है कि जितना मिलता है उतनी ही अधिक बढ़ती जाती है, वो उसके मन को बेचैन करती है।

पैसा या धन सुख, शक्ति, सुरक्षा, स्वतंत्रता आदि सब कुछ देता है और ऐसा कौन सा इंसान है जिसे यह चीजें नहीं चाहिए। यह है धन की शक्ति जिससे कमजोर भी बलवान बन जाता है और जिसके अभाव में बलवान भी किसी काम का नहीं। इसी के प्रभाव से मूर्ख भी विद्वान नजर आता है,

निंदनीय भी वंदनीय हो जाता है। इससे समाज में न केवल स्वयं की वरन परिवार की प्रतिष्ठा भी बढ़ जाती है। किसी व्यक्ति की सफलता भी धन से ही मापी जाती है। यानी जिसके पास जितना धन होगा वह व्यक्ति उतना ही अधिक सफल कहलाता है। इसलिए आज हर आदमी धन या पैसों के पीछे भाग रहा है।

किसी शायर ने ठीक ही कहा है -

धन दौलत ये है आभा तेरी सबको यहाँ हर्षाती है।
सकल जगत को मोहित कर तू अपने पास बुलाती है
समृद्धि और प्रसिद्धि है तेरी चरणों की दासी,
सब तेरी आशा करते राजा हो या कोई भिखारी।

यश सम्मान और प्रतिष्ठा

प्राचीन भारतीय साहित्य में भी धन के महत्व का मार्मिक वर्णन किया गया है। निम्न श्लोक में वर्णित है कि धन के अभाव में सर्वगुण संपन्न व्यक्ति भी यश व सम्मान प्राप्त नहीं कर सकता

शुरः सुरूपः सुभागश्य वागमी, शस्त्राणि विदांक रोतु।
अर्थ बिना नैव यशश्य मांन, प्रापनोति मृत्योद्त्र मनुष्य लोके।

अर्थात चाहे मनुष्य वीर हो, सुंदर हो, वाकपटु हो और वह शस्त्र विद्या तथा शास्त्र विद्या दोनों में निपुण हो तो भी इस मानव जगत में वह धन के बिना न यश प्राप्त कर सकता और न ही सम्मान।

अजनबी भी रिश्तेदार

ग्रंथ पंचतंत्र में भी धन के महत्व और वर्धन का बहुत अच्छा वर्णन किया गया है। इस ग्रंथ की पहली कहानी में वर्णित है, "यदि किसी व्यक्ति के पास अत्यधिक धन हो तब भी उसे और अधिक धन अर्जित करने का सुनियोजित प्रयास करना चाहिए, क्योंकि यह ठीक ही कहा गया है कि दुनिया में ऐसी कोई भी वस्तु नहीं है, जिसे धन द्वारा प्राप्त न किया जा सके। हर बुद्धिमान व्यक्ति

को सदैव धन को बढ़ाने का प्रयास करना चाहिए। किसी के पास धन है, तो उसके मित्र भी होंगे, उसके अपने रिश्तेदारों में भी सम्मान बढ़ेगा। इस बेरहम संसार में अजनबी भी रिश्तेदार बन जाते हैं, जबकि गरीब को अपने परिवार में ही तिरस्कृत होना पड़ता है। किसी शायर ने ठीक ही कहा है -

गरीबी में टूट जाते हैं, वो रिश्ते जो खास होते हैं।
अजनबी भी रिश्तेदार बन जाते हैं, जब पैसे पास होते हैं।

धनी व्यक्ति को लोग बहुत गुणवान, ज्ञानी और विद्वान की संज्ञा देने से भी नहीं चूकते। धन के कारण बूढ़ा धनी भी युवा नजर आने लगता है, और धन के अभाव में नवयुवक भी असमय बूढ़ा नजर आने लगता है।

किसी ने क्या खूब व्यंग्य कसा है -

जिंदगी में जब तक आपकी जेब में लक्ष्मीकान्त है, तब तक आप सबके प्यारे लाल हैं।

कवि रहीम ने कहा है -

रहिमन जग में दो बड़े दामोदर और दाम।
दामोदर बैठे रहें, दाम करें सब काम॥

रूपये की आत्मकथा - आज मैं सर्वशक्तिमान हूँ

संसार के सभी कृत्य अच्छे व बुरे मेरे आधार पर होते हैं। आज का युग मेरी पूजा करता है। मुझे तो यह सब कुछ देखकर अपने ऊपर स्वयं आश्चर्य होता है। जो शक्ति भगवान में है वह शक्ति आज के लोग मुझ में मानते हैं। मूर्ख को विद्वान बनाना मेरे बाएं हाथ का काम है नीच से नीच व्यक्ति को अगर मैं मिल जाऊं तो समाज उसे सभ्य और सज्जन समझने लगता है। उसे राजा और पापी से पुण्यात्मा बनाने की शक्ति मुझ में है। आप किसी के प्राणों से खेल लीजिए यदि मैं आपके पास हूँ तो कोई आपका बाल भी बांका नहीं कर सकता। असली धर्मात्मा मुझसे बड़े-बड़े परोपकार के कार्य संपन्न करते हैं। जैसे शिक्षण संस्थाओं का संचालन, धर्मार्थ औषधालय खुलवाना,

भूखों को भोजन देना आदि। कहने का तात्पर्य यह है कि जिसके पास मैं हूँ, वही अच्छा, कुलीन, वीर और गुणवान है। आज मैं सर्वशक्तिमान हूँ। आज मेरी घर-घर में पूजा होती है।

पैसा तेरे तीन नाम, परसा, परसू, परसराम

परसराम नाम का एक व्यक्ति मजदूरी करके अपना और परिवार का जीवन-यापन करता था। वह मेहनती था, आलस्य और टालमटोली की आदत से दूर रहता था। उसमें नशाखोरी की या अन्य कोई खराबी भी नहीं थी। उसको जो मजदूरी मिलती उसमें से कुछ न कुछ बचत जरूर करता था। हमारे देश में मजदूरी करना हेय या निम्न काम समझा जाता है इसलिए लोग हिकारत की दृष्टि से देखते थे और उसे परसराम न कह कर परसा नाम से पुकारते थे। चूंकि वह मितव्ययी था, उसने धीरे-धीरे बचत करते हुए कुछ रुपये जमा कर लिए और उनसे हाथ-ठेला खरीद कर फल बेचने लगा, अब उसके पास थोड़ा और पैसा आ गया तो लोग उसे परसा न कहकर परसु के नाम से बुलाने लगे। ठेले पर फल बेचने के धंधे में उसे अच्छी कमाई होने लगी तो उसने दुकान खोल ली, अब लोग उसे परसराम के नाम से पुकारने लगे। और बाद में तो कुछ लोग उसे परसराम सेठ भी कहने लगे। यह है धन या पैसे की महिमा, इसलिए कहा जाता है -

पैसा तेरे तीन नाम, परसा परसु और परसराम।

मजदूरी करने वाले परसराम के संदर्भ में कहा जा सकता -

यह बात जमाना याद रखे मजदूर हैं, हम मजबूर नहीं
यह भूख निर्धनता, बदहाली हमें मंजूर नहीं।

सबसे बड़ा रुपैया

लेखक के समक्ष एक गरीब विधवा के उद्गार "बाप बड़ा ना भैया सबसे बड़ा रुपैया।" एक पुरानी घटना शासकीय माधव महाविद्यालय उज्जैन द्वारा आयोजित राष्ट्रीय सेवा योजना के शिविर में अपना लेक्चर देकर मैं वहाँ

से लौटने के लिए सड़क के किनारे एक झोपड़ीनुमा मकान के पास खड़ा रहकर बस का इंतजार कर रहा था। झोपड़ी में रह रही एक वृद्ध महिला बाहर निकली और मुझे खड़ा हुआ देखकर वहाँ पर पड़ी हुई खाट पर बैठने का इशारा किया। मैं खाट पर बैठ गया। मेरी पोशाक देखकर उसने मुझसे प्रश्न किया बाबूजी आप पढ़े-लिखे दिखाई देते हो। मैंने कहा हाँ मांजी। और फिर उसने कहा कि आप मेरे एक सवाल का जवाब दे सकते हो? मैंने कहा पूछो मैं जवाब देने की कोशिश करूंगा।

वृद्ध महिला ने कहा बाबूजी यह बताओ मनुष्य बड़ा है या पैसा? मैंने कहा माँ सा आपने कैसा प्रश्न किया यह तो सारी दुनिया जानती है कि मनुष्य बड़ा होता है। पैसा तो हाथ के मैल की तरह होता है जो आता जाता रहता है लेकिन मनुष्य एक बार चला जाता है तो वह फिर कभी लौटकर नहीं आता। इसलिए पैसे से मनुष्य बड़ा होता है।

मेरा उत्तर सुनकर वह महिला बिना किसी लाग लपेट कर बोली, बाबूजी आप तो कुछ भी पढ़े-लिखे नहीं हो। अब आप बताइए, जब कोई व्यक्ति मर जाता है तो वह कितना भी प्रिय या निकट के रिश्ते का क्यों न हो, परिवारजन अत्यंत दुःखी रहते हैं। विलाप करते हैं लेकिन उनका दुःख समय बीतने पर धीरे-धीरे कम होने लगता है और निधन से हुआ घाव भर जाता है। लेकिन यदि आदमी के पास पैसा नहीं है तो वह प्रातः चाय के समय से रात्रि के खाने के समय तक या यूं कहें चौबीस घंटे, जीवन भर रुलायेगा। अब आप बताइए कि कौन बड़ा है। कुछ समय रुलाकर चले जाने वाला मनुष्य या फिर जीवन भर रुलाने वाला पैसा। क्या आपने गाने का वह रिकॉर्ड नहीं सुना जो बारंबार बोलता है - 'बाप बड़ा ना भईया, सबसे बड़ा रुपैया।'

वृद्ध महिला की बात सुनकर मैंने उससे आगे कोई प्रश्न नहीं किया। लेकिन उसके समर्थन में इतना तो कहना पड़ा कि माँ सा आप ठीक कह रहीं हैं। इस बीच मेरी बस आ गई किंतु उस भुक्तभोगी महिला की बात अभी तक मुझसे भुलाई नहीं जा सकी।

ज्यादा पैसा, बड़ा आदमी!

आज समाज में पैसा ही आदर सम्मान और बड़प्पन का मापदण्ड बन गया है। जिसके पास जितना ज्यादा पैसा है वह आदमी उतना ही बड़ा और आदर का पात्र माना जाने लगा है। इसका कारण यह है कि आसानी से न मिल सकने के कारण लोगों को इसके लिए कठिन परिश्रम एवं पुरुषार्थ करना पड़ता है। इस प्रकार जिसके पास जितना पैसा होता है वह उतना ही परिश्रमी सद्गुणी एवं पुरुषार्थी माना जाता है।

वर्तमान में लोग धन को ही बड़प्पन और प्रतिष्ठा का एक मात्र मापक मानने लगे हैं। जो ब्याह शादी में जितना अधिक पैसा खर्च कर सकेगा वह उतना ही बड़ा आदमी, अपनी बेटी की शादी में अनाप-शनाप धन दहेज में देने वाला बड़ा आदमी, महंगे कपड़े, शराब, सिनेमा, क्लब में जो जितना अधिक खर्च करता हो, वह उतना ही बड़ा आदमी, और भगवान का भी वह कृपावंत समझा जाता है। कहा गया है कि बड़े लोगों के गुनाह भगवान भी माफ करता है। इस मान्यता से अधिक नैतिकता का पतन और क्या होगा? बड़े लोग अर्थात धनवान से कोई यह नहीं पूछता कि आपने इतना पैसा कहाँ से और कैसे कमाया?

तेजी से बदलती जा रही स्थिति का निष्कर्ष यही निकलता है कि अब परिश्रम और पुरुषार्थ को नहीं धन को सम्मान दिया जाने लगा है, भले ही वह सम्मान मिथ्या हो किंतु ऊपरी तौर से भी दूसरों को अपने सामने विनयभाव से झुकने देखने की इच्छा व्यक्ति की दृष्टि में धन को और भी मूल्यवान बना देती है।

मनुष्य का मूल्यांकन उसके धन से किए जाने के कारण किसी व्यक्ति का परिचय पूछने पर आमतौर से उसकी कमाई और संपत्ति का वर्णन करते हैं और उसी आधार पर किसी को छोटा या बड़ा होना माना जाता है।

बड़ा आदमी कौन?

अंग्रेजी साहित्य के विश्वविख्यात साहित्यकार एच.जी.वेल्स स्वभाव से अत्यंत दयालु और शांतिप्रिय व्यक्ति थे। लंदन के एक अभिजात्य मोहल्ले में जब उन्होंने अपना नया आलीशान बंगला बनवाया तो उस मकान के सभी सुसज्जित कमरे नौकरों को रहने के लिए दे दिए गए। इतना ही नहीं वेल्स ने उस मकान की तीसरी मंजिल पर बने एक छोटे और मामूली से कमरे को अपना शयनकक्ष बना लिया।

बातों ही बातों में उनके एक अंतरंग मित्र ने पूछ लिया - "भई तुमने यह खौफनाक काल कोठरी अपने लिए क्यों चुनी जबकि इस मकान की निचली दोनों ही मंजिलों में ढेर सारे बड़े-बड़े कमरे खाली पड़े हुए हैं?"

वेल्स ने भोलेपन के साथ उत्तर दिया, "उन कमरों में हमारे नौकर रहते हैं।"

मित्र महोदय हँस पड़े, "वाह भाई वाह! लोग अच्छे भले कमरों में खुद रहते हुए नौकर-चाकरों को रद्दी कमरे मुहैया कराते हैं, मगर तुम तो?"

थोड़ी देर तक कमरे में चुप्पी छायी रही। फिर वेल्स ने गंभीर स्वर में उत्तर दिया, "मैंने अपने नौकरों को शानदार कमरे इसलिए दे रखे हैं क्योंकि मेरा बचपन एक तंग और सीलन भरे कमरे में बीता है।"

मित्र महोदय की आंखें फटी की फटी रह गयी।

वेल्स ने व्यथित स्वर में पुनः कहा, "तुम्हें शायद पता न हो मित्र, कि मेरी माँ लंदन के एक संपन्न परिवार में महरी का काम करती थी।

उस व्यक्ति ने एच.जी.वेल्स की ओर एकटक देखते हुए धीमे स्वर में कहा "पहले मैं जानता था कि तुम एक बड़े साहित्यकार हो आज जाना कि तुम एक बड़े दिलवाले आदमी भी हो, दोस्त।"

बड़ा होना, बड़ा कष्ट साध्य

बड़े होने के सम्मान की इच्छा सामान्यता सभी में होती है। हर कोई बड़ा होना चाहता है और अक्सर बड़े-बड़े लोगों को भी यह शिकायत रहती है कि आजकल कोई किसी को बड़ा मानने को तैयार ही नहीं है। कोई किसी का

सम्मान नहीं करता। ईमानदारी से धन अर्जित करने और सम्पन्नता प्राप्त कर बड़े बनने के लिए कठिन परिश्रम और पुरूषार्थ की आवश्यकता होती है।

अतएव बड़ा होना बड़ा ही कष्ट साध्य है। गाँव के एक वयोवृद्ध विद्वान पंडित हैं। पंडितजी दही बड़े के उदाहरण से बड़े होने की कष्ट साध्यता का बड़ा सुंदर रूपक देते हैं। उनके अनुसार दहीवड़ा कहता है कि भाई, हम ऐसे ही बड़े नहीं कहलाते। बड़े बनने के लिए पहले हमने बड़े-बड़े कष्ट उठाए हैं।

पहले मूंग थे, फिर मूंग की दाल होना पड़ा। फिर सिलबट्टे पर पीस दिए गए। गर्म-गर्म तेल में तले गए। दही के समुद्र में डुबो दिए गए तब बड़े कहलाए हैं ऐसे ही बड़े नहीं हो गए।

लक्ष्मी का वास कहाँ है?

लक्ष्मी का वास कहाँ रहता है, या लक्ष्मी कहाँ टिकी रहती है? इस बारे में मालवा की एक लोक कथा प्रचलित है -

विक्रमादित्य की नगरी उज्जयिनी में धन्ना शाह नामक एक सेठ रहता था। एक बार उसे स्वप्न में लक्ष्मी ने दर्शन दिए और कहा 'मैं तुम्हारे यहाँ काफी अर्से से रह रही हूँ। अब यहाँ से जाना चाहती हूँ। यदि तुम चाहो तो मेरे जाने के बदले में कोई सा भी वरदान तत्काल मांग सकते हो।' सेठ धन्ना शाह ने लक्ष्मी से एक दिन की मोहलत मांगी और लक्ष्मी अंर्तध्यान हो गई।

दूसरे दिन सेठ शाह ने अपने परिवार के सभी सदस्यों को एकत्रित किया और उनसे सलाह मांगी। सबने अपनी-अपनी सलाह दी, मगर धन्ना शाह को अपनी सबसे छोटी पुत्रवधू की सलाह पसंद आई। उसने कहा आप तो पिताजी लक्ष्मी जी से केवल यह मांगिए कि हमारे घर में सुमति रहे, कोई झगड़ा न हो। हम मिलजुलकर प्रेम पूर्वक शांति से रहें। रात्रि को जब लक्ष्मी पुनः सेठ को स्वप्न में दिखाई दी तो उसने यही मांग माँ लक्ष्मी के सामने रख दी। सुनकर लक्ष्मी पासोपेश में पड़ गई। बोली, 'आपसी प्रेम, सुमति और शांति की बात माँगकर तो तुमने मुझे फिर से यही रहने के लिए मजबूर

कर दिया। जहाँ इस प्रकार का सुंदर वातावरण हो, वहाँ से भला में कैसे जा सकती हूँ। इसके बाद लक्ष्मी वहीं रह गई।

गोस्वामी तुलसीदास जी ने भी लिखा है -

जहाँ सुमति वहाँ संपत्ति नाना।
जहाँ कुमति तहाँ विपत्ति निदाना॥

अर्थात जहाँ सुबुद्धि है वहाँ नाना प्रकार की सम्पदाएँ 'सुख की स्थिति' रहती है और जहाँ कुबुद्धि है वहाँ परिणाम में विपत्ति 'दुःख' रहती हैं।

लक्ष्मी ऐश्वर्य, धनसंपदा तथा वैभव की देवी है। पुराणों में लिखित वर्णन के अनुसार वह सुख समृद्धि तथा शक्ति से हर उस व्यक्ति को संपन्न करती है जो उसे सही अर्थों में पूजता है। भूमि की उर्वरता तथा उत्पादकता के जरिए वह मनुष्य को सुखी बनाने का आशीर्वाद देती है, वह हर व्यक्ति के पास होती है जो मेहनत, ईमानदारी, प्रसन्नता तथा प्रेम के साथ जीवनयापन करता है।

कैसे धनवान या समृद्ध शाली बने ?

मनुष्य किस प्रकार समृद्ध या धनवान बने इसका आध्यात्मिक विवेचन शास्त्रकार ने लक्ष्मी जी के मुख से कराया है। वर्णन भले ही अलंकारिक हो, पर उसमें जिन सिद्धांतों का समावेश हुआ है वह अटल है उनकी उपेक्षा करने से कोई भी व्यक्ति न तो धनी हो सकता है और न उस धन से सुख शांति और संतोष प्राप्त करता है।

एक भक्त या साधक के प्रश्न का उत्तर देती हुई लक्ष्मी जी कहती है -

वसामी नित्यं सुभगे प्रगल्भे दक्षे नरे कर्माणि वर्त्तमाने।
अक्रोघने देवपरे कृतज्ञे जितेंद्रिये नित्य मुद्रिण सत्वे॥

अर्थात में सुंदर स्वभाव वाले चतुर, मधुरभाषी, कर्तव्यनिष्ठ, क्रोधहीन, भगवत्परायण, कृतज्ञ, जितेंद्रीय और बलशाली के पास निवास करती हूँ।

लक्ष्मी जी की पूजा स्वागत योग्य

धन कमाने के लिए उचित प्रयास करना प्रशंसनीय है। उपार्जन और

उत्पादन के लिए प्रयत्नशील रहने से व्यक्ति और समाज की क्षमता बढ़ती है। प्रगति का पथ प्रशस्त करने वाले साधनों में एक महत्वपूर्ण वस्तु धन भी है। इस धन के उपार्जन का प्रयत्न करने में बुराई नहीं प्रशंसा की बात है। इससे राष्ट्र की आर्थिक क्षमता में वृद्धि होती है और उसमें भौतिक उन्नति की संभावना बढ़ती है। भौतिक उन्नति भी आध्यात्मिक उन्नति में सहायक होती है। निर्धनता मनुष्य की कोमल भावनाओं और मनोवांछित आकांक्षाओं को कुंठित ही करती रहती है। इसलिए निर्धनता को हमेशा हेय ठहराया गया है। धन को लक्ष्मी मानकर उसकी पूजा करने की प्रथा से यह स्पष्ट है कि वह स्वागत योग्य है।

धन की विषयक शक्ति सर्वविदित है। इसलिए गृही विरक्त सभी धन की प्राप्ति की आकांक्षा मन में धारण किए रहते हैं और उसके लिए अपने ढंग से प्रयत्न करते रहते हैं। धन पाकर बाल वृद्ध सभी को प्रसन्नता होती है। यह उचित भी है क्योंकि सभी श्रेणी के व्यक्ति अपनी-अपनी सुख सुविधा के साधन धन द्वारा ही प्राप्त कर सकते हैं।

आध्यात्मिक जीवन में धन का महत्व

कुछ लोगों की ऐसी मान्यता है कि धार्मिक व्यक्ति की धन से विरक्ति होना चाहिए, मान्यता सही नहीं है। जहाँ तक आध्यात्मिक आनंद की प्राप्ति का प्रश्न है धन के प्रति लगाव रखना उचित है। गृहस्थी की सुख सुविधाओं के लिए धार्मिक आयोजनों की पूर्ति के लिए अत्यधिक आवश्यक है। धन के बिना न धर्म संभव है न कर्तव्य पालन। इस दृष्टि से निर्धनता अभिशाप है हमारे आध्यात्मिक जीवन में धन का उतना ही महत्व है जितना ईश्वर उपासना का। लक्ष्मी को परमात्मा का वामांग मानते हैं। इसलिए उपासना को तब पूर्ण समझना चाहिए, जब लक्ष्मी नारायण दोनों की प्रतिष्ठा हो। जहाँ लक्ष्मी नहीं है, वहाँ परमात्मा भी बेचैन रहता है। लक्ष्मी रहती है तो परमात्मा की प्राप्ति में सुविधा मिलती है।

कहा भी जाता है -

भूखे भजन होय न गुपाला
ये रही तेरी कंठी, माला।

धन की चाहत या जरूरत ?

संतोषी जीवन का परित्याग कर आज के आदमी में जरूरत से ज्यादा धन दौलत और सुविधाओं को इकट्ठा करने की चाहत बन गई है। उसका लालच उसे चैन से बैठने नहीं देता। आदमी के दिमाग में हर घड़ी धन कमाने और कमाकर मौज मस्ती करने की बात घूमती रहती है। व्यक्ति के लिए पैसा ही भगवान बन गया है और किसी भी तरह उसे जोड़ना उसकी पूजा बन गई है।

धन वैभव की चाह जितनी पूरी होती है उतनी ही बढ़ती जाती है। लखपति से करोड़पति, करोड़पति से अरबपति, अरबपति से खरबपति, खरबपति से शंखपति, शंखपति से पद्मपती बनना चाहता है। इंसान इमानदारी से एक सीमा तक ही पैसा कमा सकता है लेकिन जब इच्छा इंद्र कुबेर की तरह ढेरों धन वैभव पाने की हो तो एक ही मार्ग बाकी बचता है वह है बेईमानी, भ्रष्टाचार, ठगी, छल और अनीति का और यह मार्ग व्यक्ति को नरक की ओर ले जाता है।

धन की चाहत या तृष्णा

तृष्णा बेपेंदी की बाल्टी है। इसे कुएं में डालो खड़खड़ाओ और खींचो तो भी खाली की खाली। ऐसा नहीं है कि कुएं में पानी नहीं पानी है। वह आप की बाल्टी भर देगा पर चूंकि बाल्टी बेपेंदा है, इसलिए वह नहीं भरेगी। लोग जिंदगी भर कुंओं को बदलते हैं। कभी इस कुएं पर जाते हैं तो, कभी उस कुएं पर और जब बाल्टी नहीं भरती तो कुंओ को दोष देते हैं। तृष्णा रूपी बेपेंदा बाल्टी में संतोष रूपी पैंदा लगा दो, आपकी बाल्टी भर जाएगी।

इस पृथ्वी पर जितनी भी धन-संपत्ति, यश कीर्ति आदि है, समस्त एक

तृष्णा ग्रस्त व्यक्ति को मिल जाए, तो भी वह संतुष्ट नहीं होगा। जैसे मृग का सींग मृग के बढ़ने के साथ ही बढ़ता जाता है उसी प्रकार तृष्णा बढ़ती जाती है। इसकी कोई सीमा नहीं है। एक कामना पूर्ण होती है तो दूसरी उत्पन्न हो जाती है। यह तीर की तरह एक के बाद एक मनुष्य के मन पर चोट कर उसे तनावग्रस्त बनाए रखती है।

कबीरदास जी ठीक ही कह गए -

माया मरी न मन मरा, मर मर गए शरीर।
आशा तृष्णा न मरी, कह गए दास कबीर।।

कितना धन जरूरी है?

आत्म सम्मान की मनुष्य के जीवन में बड़ी महत्वपूर्ण भूमिका है। मनुष्य एक सामाजिक प्राणी है। वह समाज और परिवार में सम्मान से जीना चाहता है। आत्मसम्मान की यह कामना मानव मन की मूलभूत कामनाओं में से एक है। यह भी निर्विवाद तथ्य है कि सम्मान के साथ जीवन जीने के लिए व्यक्ति के पास आय का पर्याप्त स्त्रोत हो, ताकि वह स्वयं एवं उसके परिवार ठीक तरह से अपना जीवन यापन कर सके। उसे किसी के सामने हाथ पसारने की आवश्यकता न पड़े।

एक व्यक्ति को अपने परिवार को ठीक-ठाक ढंग से जीने के लिए निम्नानुसार साधनों की पूर्ति जरूरी है -

निवास के लिए स्वयं या किराये का सुविधाजनक मकान, स्वास्थ्यवर्धक खान-पान की व्यवस्था, बच्चों के पालन-पोषण और शिक्षण पर होने वाले व्यय की पूर्ति, बीमारी आने पर उसके इलाज पर होने वाला खर्च, बच्चों के विवाह में आने वाला व्यय, सामाजिक रीति रिवाज पर होने वाले खर्च की व्यवस्था के साथ ही आकस्मिक खर्चों के लिए पर्याप्त बचत।

अब प्रश्न यह उपस्थित होता है कि व्यक्ति को उपयुक्त खर्चों की पूर्ति के लिए कितनी धनराशि होना जरूरी है? यह एक बड़ा सवाल है। दरअसल में

इसका कोई पैमाना या मीटर नहीं है जो इसे ठीक से माप सके। यह बहुत कुछ व्यक्ति समय और परिस्थितियों पर निर्भर करता है। यह व्यक्ति सापेक्ष भी है, हर व्यक्ति का रहन-सहन का तरीका और सोच अलग-अलग होती है। यह नहीं बताया जा सकता कि कितनी धनराशि होना जरूरी है। लेकिन सम्मान पूर्वक सामान्य जीवन जीने तथा निर्धनता की जंजीर से मुक्त रहना बहुत ही आसान है।

भारत का हर व्यक्ति मुकेश अंबानी, गौतम अडाणी, रतन टाटा या लक्ष्मी मित्तल जैसा अमीर नहीं बन सकता, लेकिन यह बात भी निर्विवाद है कि देश का हर व्यक्ति निर्धनता के चंगुल से मुक्ति पा सकता है। इसी उद्देश्य को लेकर यह पुस्तक लिखी गई है। यदि आप पुस्तक में बताए रास्ते पर चलते रहे और लगातार कोशिश करते रहे तो निर्धनता की जंजीरे टूटती जाएंगी ऐसा मेरा पूरा विश्वास है।

❍

2.

निर्धनता सबसे बड़ा अभिशाप

कोई भी चीज मनुष्य को इतना दुःख और अपमान नहीं पहुंचाती जितना कि निर्धनता। केवल वे ही इसका पूरा अर्थ समझ सकते हैं जिन्होंने निर्धनता का अनुभव किया है।

- मुंशी प्रेमचंद

निर्धनता वह सामाजिक आर्थिक स्थिति है जिसमें समाज का एक भाग जीवन, स्वास्थ्य एवं दक्षता के लिए न्यूनतम उपभोग आवश्यकताओं को जुटा पाने में असमर्थ रहता है। जब समाज का बहुत बड़ा भाग न्यूनतम जीवन स्तर से वंचित होकर केवल निर्वाहस्तर पर गुजारा करता है तो उसे निर्धनता कहते हैं।

जब तक हम निर्धनता या गरीबी में फंसे रहते हैं तब तक न तो कोई महत्व का कार्य कर सकते हैं, और न अपनी क्षमताओं का ठीक से उपयोग कर सकते हैं। भूखा मनुष्य कैसे अपने शरीर और दिमाग को सुव्यवस्थित रख सकता है। आशा और आनंद को नष्ट करने वाली यह गरीबी न केवल प्रगति का मार्ग अवरुद्ध करती है वरन अनेक बुराइयों को जन्म देती है। प्रेम के स्थान पर द्वेष और सुख के स्थान पर दुःख उपजाती है। कई बार तो यह मनुष्य को अभाव, अपमान, लांछन, ग्लानि आदि के द्वारा आत्महत्या जैसी दुःखद घटनाएं उपस्थित करती हैं। दुनिया में दरिद्रता से कष्टदायक और कोई चीज नहीं है।

रामचरितमानस में भी जब गरुड़ जी कागभुशुण्डि से यह प्रश्न करते हैं कि संसार में सबसे बड़ा दुःख कौन-सा है। तब कागभुशुण्डि उत्तर देते हैं -

"नहीं दरिद्र सम दुःख जग माही"

अर्थात उन्होंने दरिद्रता को जीवन का सबसे बड़ा दुःख बताया है।

ऋग्वेद की 'श्री मूल' में भी महालक्ष्मी से प्रार्थना की गई है कि हे! देवी मैं आपका वरण करता हूँ, आप दरिद्रता का, अलक्ष्मी का नाश कर मेरे घर में अभूति, असमृद्धि को दूर करें।

दीपावली पर्व पर हम जगत जननी माँ महालक्ष्मी से याचना करते हैं कि -

"हे मां, हमें धन वैभव संपन्नता प्रदान करो। हमारे घर को सुख समृद्धि से भर दो। धन के अभाव में हम जीवन की आवश्यकताओं की पूर्ति नहीं कर सकते।"

धन की देवी लक्ष्मी जी की आरती की दो पंक्तियां हैं -

तुम बिन यज्ञ न होवे, वस्त्र न हो पाता।
खान-पान धन वैभव, सब तुमसे आता।।

निर्धनता से मनुष्य को लज्जा आती है, लज्जा से पराक्रम नष्ट हो जाता है, पराक्रम नष्ट हो जाने पर अपमान होता है, अपमान से दुःख होता है, दुःख से शोक होता है, शोक से बुद्धि नष्ट हो जाती है, और बुद्धि के न रहने से मनुष्य का नाश हो जाता है। सच है निर्धनता विपत्तियों की जड़ है।

तात्पर्य यह है कि जहाँ लक्ष्मी का वास रहता है वहाँ सुख समृद्धि है, आनंद है। जहाँ अलक्ष्मी का वास है वहाँ दारिद्रय है, दुःख है। निरंतर अभाव की स्थिति होने से अनेक कष्टों का सामना करना पड़ता है। निश्चय ही मानव जीवन में दारिद्रय से बढ़कर कोई दुःख नहीं है।

निर्धनता अभाव या गरीबी में कितनी पीड़ा होती है, इसे वही व्यक्ति समझ सकता है जिसने इसे भोगा हो, दूसरा इसकी पीड़ा को नहीं समझ सकता। इसी आधार पर लोकोक्ति बनी है -

जाके पैर न फटी बिबाई, वो क्या जाने पीर पराई।

निर्धनता के दुष्परिणामों के फलस्वरूप समाज में विभिन्न बुराइयां जन्म लेती हैं। इन बुराइयों का विवरण निम्नवत है :-

अपराधों की वृद्धि

निर्धनता से समाज में तरह-तरह के अपराधों में वृद्धि हुई है। साधारणतया कोई व्यक्ति जब पर्याप्त साधन प्राप्त नहीं कर पाता तो वह चोरी, डकैती तथा हत्या आदि के द्वारा अपनी आवश्यकताओं को पूरा करने का प्रयत्न करता है। अपने बच्चों व आश्रितों को भूखे देखकर अच्छे से अच्छा व्यक्ति इन समाज विरोधी कार्यों की ओर प्रवृत्त हो सकता है। निर्धनता मानसिक तनाव को बढ़ाकर भी व्यक्ति में अपराध की भावना पैदा करती है।

बाल अपराधों में वृद्धि

निर्धन परिवारों में माता-पिता अपने बच्चों की प्रमुख आवश्यकताओं को पूरा नहीं कर पाते। साधारणतया ऐसे बच्चे शिक्षा और स्वस्थ मनोरंजन से वंचित रह जाते हैं। अक्सर निर्धन परिवारों में बच्चों से कम आयु में ही नौकरी करवाई जाने लगती है। इसके फलस्वरूप बच्चे प्रारंभ से ही अनुशासन हीन हो जाते हैं, उनकी संगति बिगड़ जाती है और इस प्रकार उन्हें अपराधी कार्य करने का प्रोत्साहन मिलता है। एक बार अपराधियों के गिरोह में फस जाने के बाद ऐसे बच्चे कठिनता से उस वातावरण से बाहर निकल पाते हैं।

दुर्व्यसनों में वृद्धि

निर्धनता की समस्या ने व्यक्ति में अनेक प्रकार के दुर्व्यसन उत्पन्न किये हैं। निर्धनता के कारण व्यक्ति जब अनेक प्रकार के तनाव और चिंताओं में फंस जाता है तो वह अक्सर मद्यपान करने लगता है। बहुत से व्यक्ति जुआ खेलना प्रारंभ कर देते हैं, अथवा सट्टा लगाने लगते हैं, जिससे वे जल्दी ही अधिक धन प्राप्त कर सकें। यद्यपि ऐसे लाभ से उनकी स्थिति पहले से भी अधिक दयनीय हो जाती है। निर्धनता से उत्पन्न तनाव कम उम्र की लड़कियों एवं महिलाओं में वेश्यावृत्ति को भी प्रोत्साहन देते हैं, क्योंकि तनाव के कारण उन्हें उचित और अनुचित का ध्यान ही नहीं रहता।

परिवार का विघटन

निर्धनता का एक बड़ा दुष्परिणाम परिवारों का विघटन होना है। निर्धनता की स्थिति में परिवार के सभी सदस्य एक दूसरे पर अविश्वास करने लगते हैं। घर में कलह का वातावरण बना रहता है, और कभी-कभी परिवार अनैतिकता का भी केंद्र बन जाता है। ऐसी स्थिति में सदस्यों में पारस्परिक प्रेम समाप्त हो जाता है, और सभी लोग अपने-अपने स्वार्थों को पूरा करने में लग जाते हैं। परिवार में निर्धनता के कारण पति-पत्नी के बीच विवाह विच्छेद हो जाने की संभावना भी बढ़ जाती है।

चरित्र का पतन

निर्धनता चरित्र को गिराने वाला सबसे प्रमुख कारण है। निर्धनता के कारण जब परिवार की आवश्यकताएं पूरी नहीं हो पाती तो साधारणतया स्त्रियों को भी जीविका की खोज में घर से बाहर निकलना पड़ता है। बहुत से व्यक्ति उनकी असमर्थता का लाभ उठाकर अथवा उन्हें तरह-तरह के प्रलोभन देकर अनैतिक कार्यों में लगा देते हैं। इस प्रकार समाज में अप्रत्यक्ष रूप से वेश्यावृत्ति को प्रोत्साहन मिलता है। वेश्यावृत्ति में लगी अधिकांश स्त्रियां भी आर्थिक कठिनाइयों के कारण ही यह व्यवसाय आरंभ करती हैं।

भिक्षावृत्ति को प्रोत्साहन

भिक्षावृत्ति निर्धनता का एक गंभीर दुष्परिणाम है। कोई व्यक्ति जब किसी भी साधन से जीविका उपार्जित करने में असफल हो जाता है तो उसके सामने भीख मांगने के अतिरिक्त कोई दूसरा मार्ग नहीं रह जाता। अक्सर ऐसे परिवारों में बच्चों को भीख मांगने के लिए बाध्य किया जाता है। एक बार जो व्यक्ति भीख मांगने लगता है, वह भविष्य में भी कोई दूसरा कार्य करने योग्य नहीं रह जाता। इस प्रकार उसका संपूर्ण व्यक्तित्व ही विघटित हो जाता है।

निर्धनता की संस्कृति का विकास

आधुनिक समाजशास्त्रियों का मानना है कि निर्धनता का सबसे बड़ा दुष्परिणाम समाज में निर्धनता की संस्कृति का विकसित हो जाना है। यह

एक विशेष संस्कृति है, जिसमें व्यक्ति अपने आप को अभाव की दशा में रहने के अनुकूल बना लेता है। ऑस्कर लेविस ने मेक्सिको के अध्ययन के आधार पर निष्कर्ष दिया कि निर्धनता की संस्कृति में व्यक्ति केवल वर्तमान के बारे में ही सोचने लगता है, वह भाग्यवादी हो जाता है उसमें हीनता की भावना प्रबल बन जाती है तथा बच्चों को भी इन दशाओं में रहने का प्रशिक्षण दिया जाने लगता है।

जब कोई व्यक्ति निर्धन हो और सड़क पर हो, जो नौकरी या अन्य कोई काम पाने में सफल न हो रहा हो, तो उसकी आत्मा में हीनताभाव आ जाता है जो उसके झुके हुए कंधों में साफ नजर आता है, जो उसकी चाल और नजर में दिखता है। वह उन लोगों की तुलना में अपने आप को हीन मानने से बच नहीं सकता जिनके पास आय के पर्याप्त साधन है, भले ही वह यह जानता हो कि वे निश्चित रूप से चरित्र, बुद्धि या योग्यता में उसके समकक्ष नहीं है।

आत्महत्या की प्रवृत्ति को बढ़ावा

यह अत्यंत चिंतनीय है कि आत्महत्या करने वालों की संख्या दिनों दिन बढ़ती जा रही है। विश्व स्वास्थ्य संगठन की रिपोर्ट के अनुसार तीस वर्षों में आत्महत्या करने वालों की संख्या तीन गुनी बढ़ गई है। प्रतिदिन बारह हजार व्यक्ति आत्महत्या का प्रयास करते हैं यानी कि एक मिनट में लगभग नौ व्यक्ति आत्महत्या की चेष्टा करते हैं जिनमें से आठ व्यक्ति तो बचा लिए जाते हैं। अथवा मरने की यंत्रणा के न सह पाने के कारण वे स्वयं सहायता पाने के लिए पुकारने लग जाते हैं, और किसी न किसी प्रकार बच जाते हैं। आत्महत्या करने वालों में लगभग आधे व्यक्ति निर्धनता या गरीबी से तंग आने या उससे न उबर पाने के कारण करते हैं।

दयनीय स्थिति बनाए रखना

निर्धन क्यों सदैव दयनीय अवस्था में रहता है ? इसका कारण यह है कि वह उच्च आकांक्षा, कल्पनाओं, स्वास्थ्यदायक स्फूर्तिमय विचारों को नष्ट

कर देता है, आलस्य और अविवेक में डूब जाता है हृदय को संकुचित क्षुद्र प्रेम विहीन और निराश बना लेता है।

सीमाक्रांत निर्धनता आने पर जीवन ठहर जाता है प्रगति विरुद्ध हो जाती है, व्यक्ति ऋण से दबकर निष्प्रभ हो जाता है, उसे अपने गौरव स्वाभिमान को भी सुरक्षित रखना दुष्कर प्रतीत होता है। निर्धनी विचार वाले असमय में वृद्ध होते देखे गए हैं, जो बच्चे निर्धनों के घरों में जन्म लेते हैं उनके गुप्त मन में गरीबी या निर्धनता की गुप्त मानसिक ग्रंथियां इतनी जटिल हो जाती हैं कि वे जीवन में कुछ भी श्रेष्ठता प्राप्त नहीं कर सकते। निर्धनता कमल के समान ताजा चेहरों को मुरझा दे देती है। यह मनुष्य को पीस देने वाली है। सैकड़ों मनुष्य इसी क्षुद्धता के गर्त में डूबे हुए हैं।

निर्धनता आध्यात्मिक विकृति भी

निर्धनता एक प्रकार की आध्यात्मिक विकृति है, धन न कमाना त्याग का लक्षण नहीं है। यह तो देवी गुणों की कमी का परिचायक है। हर व्यक्ति को धार्मिक भावना से अर्थों पार्जन करना चाहिए। यह क्रिया आत्मविश्वास के अंतर्गत आती ही आती है। 'Peace, Power and Plenty' नामक पुस्तक के लेखक ऑरिसन मार्डेन ने लिखा है- "जो दरिद्र होते हैं उनमें न तो आत्मविश्वास होता है और न श्रद्धा, लोग अपनी स्थिति बदल सकते हैं पर उन्हें अपनी शक्तियों पर विश्वास करना आना चाहिए। आशा, साहस, कर्म शीलता के द्वारा कोई भी व्यक्ति धन संपन्न बन सकता है।"

संसार कर्मभूमि है और आर्थिक दृष्टि से क्षमतावान ही कुछ कर सकता। निर्धन व्यक्ति यहाँ क्या कर सकता है? वह तो उल्टा दूसरों पर भार बनकर रहता है। इस तरह का परावलंबी पराधीन जीवन अपने आप में एक अभिशाप है। जो व्यक्ति निर्धन होता है उसे दूसरों के अत्याचार सहन करने पड़ते हैं, गुलामी जैसा जीवन बिताना पड़ता है। अपने स्वाभिमान की रक्षा वे ही लोग कर सकते हैं जो आर्थिक दृष्टि से आत्मनिर्भर हैं।

❍

3.

आलस्य और टालमटोली का करें परित्याग

आलस्य मनुष्य से उसकी सभी प्रिय वस्तुएं छीन लेता है। उसे अशक्त बनाकर समाज से विरक्त कर देता है। गुणों के स्थान पर अवगुणों को उत्प्रेरित करता है। सम्पन्नता को विपन्नता में रूपांतरित कर देता है, निर्धनता से कभी उबरने नहीं देता।

- विनोबा भावे

आलस्य मनुष्य की सफलता के मार्ग में सबसे बड़ा रोड़ा है, इस पर काबू पा लेने वाला जिंदगी में कभी नहीं हारता क्योंकि आलस विहीन होने का परिणाम होता है, सकर्मणता और सकर्मणता ही सफलता का मार्ग प्रशस्त करती है। जबकि आलसी मनुष्य सदैव ही देवता का, भाग्य का, प्रारब्ध का, काल का, समय का, अनावश्यक आश्रय लेकर उसे दोषी ठहराता है और निर्धनता, साधनहीनता, गरीबी एवं दरिद्रता के दलदल में फंसा रहता है।

शरीर की सार्थकता इसमें है कि जितनी उसमें क्षमता है, उसके अनुरूप उससे काम लिया जाए। उसे आलस्य में अर्ध मूर्छित की तरह तंद्राग्रस्त स्थिति में न पड़े रहने दिया जाए। इस स्थिति को आलस्य कहते हैं। आलस्य को मनुष्य का सबसे बड़ा शत्रु माना गया है।

दक्षिण अफ्रीका में एक आंदोलन के सिलसिले में एक सत्याग्रही को जोहान्सवर्ग की जेल में बंद कर दिया था। जेल में जो भी काम दिया जाता अन्य साथी तो धींगा मस्ती करते, पर वह वहाँ भी पूरा परिश्रम करते, कोई काम नहीं मिलता तो वह पुस्तकें ही पढ़ते। एक बार गवर्नर का दौरा हुआ

उनसे पूछा- आपको कोई कष्ट तो नहीं है, तो सत्याग्राही ने उत्तर दिया - यहाँ पूरी तरह काम नहीं मिलता है, हैरान गवर्नर ने पूछा यहाँ दूसरे लोग काम से जी चुराते हैं, तब भी तुम काम क्यों करना चाहते हो? उन्होंने उत्तर दिया इसलिए कि कहीं मेरी जीवनी शक्ति नष्ट न हो जाए मैं आलसी न बन जाऊं? गवर्नर बड़ा प्रभावित हुआ। वह व्यक्ति गांधीजी थे।

काम न करने या काम न होने पर मनोवैज्ञानिक तथ्यों को ध्यान में रखते हुए किसी दूरदर्शी ने कहा है -

"कुछ न कुछ किया कर, कुछ न हो तो पजामा फाड़कर सिया कर।"

तात्पर्य यह है कि काम में लगे रहना इतना उपयोगी और लाभदायक है जिसके लिए यदि पजामा फाड़ने और फिर से उसे सीने का व्यर्थ झंझट और थोड़ी हानि का भी काम करना चाहिए। अपने पास कोई काम न हो तो पड़ोसी का करने लग जाना चाहिए। एक क्षण के लिए निरर्थक नहीं बैठना चाहिए। बेकारी में गवाया समय किसी भी मनुष्य के लिए केवल अभिशाप ही सिद्ध हो सकता है।

दुनिया का पहला और सबसे बड़ा पाप आलस्य

दुनिया में जितने भी पाप कर्म हैं उनमें सबसे पहला और बड़ा है आलस्य। इस दुष्ट ने जितने कीमती जीवनों को जितनी बुरी तरह बर्बाद किया है, उतना शायद ही और किसी ने किया हो। मनुष्य के भविष्य को जितना अंधकार में आलस्य बनाता है उतना और कोई नहीं। समाज का भी जितना अहित और सब पापों से मिलकर होता है उससे अधिक मनुष्य स्वभाव में घुसे हुए इस एक ही दुर्गुण से होता है। अन्य पाप दुर्घटना के रूप में कारणों से देखे जा सकते हैं, इसलिए वह सहज ही पकड़ में आ जाते हैं उनकी प्रतिक्रिया भी तत्काल होती है और प्रतिशोध की व्यवस्था भी जल्दी बनाई जाने लगती है। जबकि आलसी को दंड भी नहीं मिलता और उसकी तरफ किसी का ध्यानाकर्षण भी नहीं होता। अतएव वह अपना काम निरंतर करता रहता है। लकड़ी में लगा हुआ घुन जिस तरह धीरे-धीरे उसे खोखला करता रहता हैं, और कुछ ही

दिनों में उस मजबूत लकड़ी को खोखला करता है ठीक उसी तरह आलस्य रूपी घुन भी मनुष्य की सारी संभावना को, भविष्य को आशाओं को घुन में मिलाकर रख देता है, और मनुष्य जीवन पर्यत्न रोते-झीकते हुए निर्धनता और अभाव में अपना जीवन गुजार देता है।

आलस्य निश्चित रूप से एक नैतिक पाप है, इसे मन्द गति से की जाने वाली आत्महत्या कहा जाए तो कुछ अतिशयोक्ति न होगी। इससे अपने प्रगति के सारे द्वारा अवरुद्ध होते हैं परिवार वालों को वैसा ही अस्त-व्यस्त रहने की आदत पड़ती है, समाज का उत्पादन घटता है, इससे व्यक्ति और देश दरिद्र बनता है। हमें आलस्य को तत्काल छोड़ देना चाहिए।

समस्त रोगों का राजा

दुनिया में यदि कोई भयंकर बीमारी है, तो वह है आलस्य। आलस्य समस्त रोगों का राजा है। उसे मौत से भी अधिक भयंकर कह देना कोई अतिश्योक्ति न होगी। रोग मनुष्य के शरीर को प्रभावित करते हैं। आवश्यक उपचार करने पर कुछ ही समय में यह ठीक हो जाते हैं। मृत्यु भी स्वाभाविक घटना है किंतु आलस्य तो ऐसा भयंकर रोग है जो मनुष्य के तन, मन, धन, श्री समृद्धि बुद्धि सबको चौपट कर उसे जड़ता के फौलादी जाल में जकड़ लेता है। यह जीवित होते हुए भी मनुष्य को मृतवत बना देता है।

आलस्य के प्रभाव में पड़ने पर मनुष्य की क्रिया शक्ति कुंठित होने लगती है। शरीर शिथिल हो जाता है। मानव की यह विशेषता है कि कुछ न कुछ करते रहने का आदी है। जब क्रिया के माध्यम से उसकी अभिव्यक्ति नहीं होती तो वह विचार और बातूनी दुनिया में काम करने लगता है। बड़ी-बड़ी गप्पे हाँकना, निरर्थक बातें करना, ख्याली दुनिया में उड़ना, आलसियों के काम रह जाते हैं।

आलस्य के कारण शरीर के समस्त अंग शिथिल हो जाते हैं। हाथ पैर, दिमाग, पाचन संस्थान, श्वास प्रणाली सभी में विकृति पैदा हो जाती है और बैठे-बैठे शरीर अनेक रोगों का घर बन जाता है। इतना ही नहीं आलसी व्यक्ति

दूसरों की सहानुभूति सहयोग पाने एवं बहानेबाजी के लिए साधारण रोगों को भी बहुत बड़ाचढ़ा कर कहता है। साधारण सी बीमारी भी उसे भयानक लगती है। इस तरह आलसी व्यक्ति जीवित होते हुए भी मृतवत ही होता है।

आलस्य अकर्मण्यता का जनक, पाप का सहचर, दरिद्रता की कुंजी और सभी अवगुणों की जड़ है। जब यह मनुष्य के भीतर प्रवेश करता है तो उसे बाहर करना अत्यंत कठिन होता है।

मुंशी प्रेमचंद ने लिखा है आलस्य वह राज रोग है जिसका रोगी कभी नहीं संभलता। यह आदि भी है व्याधि भी तन का आलस्य रोग को और मन का आलस्य कुमति को जन्म देता है।

आलसीपन छूत का रोग भी है। पिछले दिनों फ्रांस में किए गए एक शोध का यही निष्कर्ष निकला कि यदि आप आलसी लोगों से घिरे, तो चाहे अनचाहे आप भी आलसीपन की गिरफ्त में आजाएंगे, यानी संगत का असर आलसीपन के मामले में तो स्पष्ट रूप से सामने आता है। अतः आलसी लोगों की संगत से बचना चाहिए।

आलस्य और वृद्धावस्था

आलसी व्यक्तियों पर वृद्धावस्था का जाल शीघ्रता से फैलता है, यह कहना है डॉ. हुवेलैंड का। एक विचित्र तथ्य का रहस्योद्घाटन उन्होंने यह कहा है कि निकम्मे व्यक्तियों को आज तक किसी ने स्वस्थ तथा दीर्घायु होते नहीं देखा।

पश्चात् चिकित्सा शास्त्री हमेन वेबर ने अपने तथ्यपूर्ण खोजों के उपरांत यह निष्कर्ष दुनिया के समक्ष रखा है कि दुनिया में जितने भी दीर्घजीवी मनुष्य हुए हैं उनमें से शत-प्रतिशत जीवन पर्यन्त परिश्रमी रहे। उन्होंने अपनी बात की पुष्टि के लिए सैकड़ों उदाहरण प्रस्तुत किए।

शिकागो विश्वविद्यालय में शरीर विज्ञान के प्रोफेसर डॉ. कार्लसन निष्क्रिय जीवन को बुढ़ापे का चिन्ह मानते हैं तथा कहते हैं कि कोई भी निष्क्रियता अपनाकर असमय बुढ़ापा बुला सकता है। बुढ़ापा रोकने के लिए सौ दवाओं

की एक दवा मानते हुए वे इस बात की अनुशंसा करते हैं कि अपने को सदा व्यस्त रखा जाए तथा आलस्य प्रमाद से बचा जाए।

विश्वविख्यात चित्रकार तथा मनोविज्ञानी लियोनादो ने लिखा है कि लोहा उपयोग में न लाने से जंग खा जाता है। गति एवं प्रवाह रहित जल अपनी शुद्धता गवां देता है, उसमें सड़न पैदा हो जाती है। आलस्य के कारण ही मानसिक शक्तियां कमजोर पड़ जाती हैं। इस रोग से बचा जा सके तो मनुष्य सदा अपनी मानसिक प्रखरता बनाए रख सकता है।

आलस्य श्रम का सबसे बड़ा शत्रु

श्रम जीवन का माधुर्य है। श्रम कर्म वीरो का आभूषण है। मनुष्य जीवन की आत्मा श्रम के श्वेत कारणों से ही बनी रहती है। परिश्रमी व्यक्ति अपने पुरुषार्थ से अपना भाग्योदय स्वयं करता है। वही श्रम से दूरी बनाने वाला व्यक्ति निर्धनता को आमंत्रित करता है। श्रम का सबसे बड़ा शत्रु आलस्य है। आलस्य से श्रमहीन हुआ व्यक्ति श्रीहीन हो जाता है। श्रम से दूरी बनाने वाला व्यक्ति केवल दिवास्वप्न में खोने लगता है। वह धरातल में कुछ भी प्राप्त नहीं कर पाता। उसके हाथ सदैव खाली रहते हैं जबकि श्रम श्रृंगार करने वाला व्यक्ति प्रसिद्धि प्राप्त करता है। समाज उसे सम्मान की दृष्टि से देखता है। श्रम के बल के समक्ष पर्वत झुक जाते हैं, नदियां मार्ग बदल देती हैं। श्रम की साधना से ही निंदनीय मनुष्य भी वंदनीय बन जाता है। भाग्य की रेखाओं को बदलने का साहस केवल श्रम साधन को ही है।

आलस्य के पक्ष में अजीब और मूर्खतापूर्ण तर्क

एक मछुआरा समुद्र के किनारे एक पेड़ की छाया में बड़े ही आराम से बैठा था। तभी वहाँ से एक व्यक्ति जो अपने श्रम और पुरुषार्थ से धनवान बिजनेसमैन बना था। वहाँ से गुजरा उसने मछुआरे को आराम से बैठा देखकर कहा, "तुम यहाँ आलस्य में बैठे हो काम क्यों नहीं करते"?

गरीब मछुआरे ने उत्तर दिया- "मैंने आज की जरूरत के लिए मछलियां पकड़ ली है।"

उत्तर सुनकर बिजनेसमैन ने गुस्से में आकर उससे कहा, “तुम यहाँ आलस्य में अपना समय बर्बाद करने के बजाए और ज्यादा मछलियां क्यों नहीं पकड़ते”?

मछुआरे ने पूछा - “मैं ज्यादा मछलियां पकड़कर क्या करूंगा?”

बिजनेसमैन - “ज्यादा मछलियां बेचकर ज्यादा पैसा कमा सकोगे और बड़ी बोट खरीद सकोगे”।

मछुआरा - “उससे क्या होगा?”

बिजनेसमैन - “तुम गहरे पानी तक जाकर ज्यादा मछलियां पकड़ सकोगे।”

मछुआरा - “उससे क्या होगा?”

बिजनेसमैन- “तुम कई बोट खरीद सकोगे और कई लोगों को काम पर रख सकोगे। इससे ज्यादा पैसा मिलेगा।”

मछुआरा - “इससे क्या होगा?”

बिजनेस - “तुम मेरी तरह धनवान बिजनेसमैन बन सकोगे”।

मछुआरा - “उससे क्या होगा?”

बिजनेसमैन - “फिर तुम जिंदगी आराम से बिता सकोगे।”

मछुआरा - “तुम्हें क्या लगता है कि मैं इस समय क्या कर रहा हूँ?”

उपरोक्त उदाहरण के संदर्भ में यह कथन बड़ा ही सटीक हैं -

आराम बड़ी चीज है मुंह ढककर सोइए।
किस-किस को याद कीजिए किस-किस को रोइए॥

दैव-दैव आलसी पुकारा

आलसी व्यक्ति ही देव का, भाग्य का, प्रारब्ध का, काल और समय का अनावश्यक आश्रम लेते हैं। वे प्रयत्न तो स्वयं नहीं करते, बल्कि अपनी निर्धनता और असफलता के लिए अज्ञात अदृश्य भाग्य एवं ईश्वर को दोषी ठहराते हैं। ऐसे कायर पुरुषों का जीवन केवल इसलिए होता है कि वे निन्दित और तिरस्कृत होकर कुत्ते की तरह दूसरों के भोजन, दूसरों के बल और

दूसरों के धन पर जीवन बिताएं तथा समय-समय पर दुर्गति का शिकार होते रहें।

आलस्य से मानव की समस्या चेतनाएँ और शक्तियां नष्ट हो जाती हैं। बौद्धिक और आत्मिक शक्तियों का हास हो जाता है। पगपग पर उसे जीवन में अनेकानेक कष्ट उठाने पड़ते हैं। निर्धनता के दल-दल में फंसा रहता है परिणाम यह होता है कि वह जीवन से विमुख होकर उदासीन बन जाता है चारों ओर से उसे निराशा घेर लेती है। वह पराधीन जीवन व्यतीत करता है।

आलस रूपी कीटाणुओ ने बनाया जीवन खोखला

आलसी व्यक्ति से स्वावलंबन और आत्मनिर्भरता कोसों दूर खड़ी रहती है, न उसमें आवाहन कि शक्ति होती है और न आदर की। क्या कभी आपने सोचा है कि इस प्रकार के कर्मभीरू मानव के पुरुषार्थ और शक्ति को किसने छीन लिया? वह अकर्मण्य क्यों बन बैठा? उदासी ने उसके जीवन में घर क्यों बना लिया? इन सब प्रश्नों का केवल एक ही उत्तर है कि उसके सुनहरे जीवन को आलस्य रूपी कीटाणुओं ने खोखला बना दिया। आलस्य वास्तव में मानव जीवन का सबसे भयंकर शत्रु है।

इस प्रसंग में एक घटना याद आती है कि आलस्य मनुष्य को कहाँ तक नीचे गिरा देता है। दो आलसी आम के वृक्ष के नीचे पड़े रहते थे। एक दिन वृक्ष से आम टूट कर एक आलसी की छाती पर आ गिरा, उसने दूसरे आलसी से कहा कि तुम इस आम को मेरे मुंह में निचोड़ दो। परंतु दूसरा आलसी भी कम नहीं था उसने कहा भाई कल तुम देख रहे थे कि एक कुत्ते ने आकर मेरे मुंह पर पेशाब कर दिया था और मैंने अपने हाथों से उसे ही नहीं हटाया तो बताओ कि मैं तुम्हारे मुंह में आम कैसे निचोड़ सकता हूँ? ये है आलसियों के कारनामे।

आलसियों का गुरु मंत्र है -

अजगर करे न चाकरी पंछी करे न काम।
दास मलूका कह गए सबके दाता राम॥

एक समय था जब भारत में इस विषय में मंत्र ने अकर्मण्यता का बीजारोपण किया था। जिसके परिणामस्वरूप देश के करोड़ों लोग निकम्मे और निठल्ले हो गए थे।

खाली दिमाग शैतान का घर

आलस्य का आक्रमण सबसे ज्यादा खतरनाक है। उसे समझना हल करना आसान बात नहीं है, क्योंकि सबसे पहले आलस्य अपने फरेब का जाल फैलाकर मनुष्य की समझने-बूझने, समाधान करने की शक्ति को नष्ट करता है। आलस्य, आराम, सुख का लालच देकर मनुष्य में एक मादक खुमारी पैदा करता है, जिससे मनुष्य स्वतः ही इसकी शरण में चला जाता है। फिर यथार्थ की धरती पर कर्तव्य की कठोरता से बचने के लिए यह सरल रास्ता नजर आता है। यही कारण है कि बहुत से मनुष्य आलस्य के शिकार बन जाते हैं। आलस्य के आक्रमण के प्रारंभिक दौर में मनुष्य अपने काम को आगे के लिए टालने का प्रयत्न करता है।

"खाली आदमी शैतान का साथी वाली" कहावत आलसी पर पूरी तरह चरितार्थ होती है। जो निठल्ला बैठा रहता है उसे तरह-तरह की खुराफातें सूझती रहती हैं। यह विशेषता परिश्रमशीलता में ही है कि वह मनुष्य के मस्तिष्क में विकारपूर्ण विचार नहीं आने देती। पुरुषार्थी व्यक्ति को इतना समय नहीं रहता कि वह काम से फुरसत पाकर बेकार के ऊहापोह में लगा रहे और अकर्मण्य आलसी के पास इसके सिवाय कोई काम नहीं रहता, फलस्वरूप उसे अनेक प्रकार की ऐसी विकृतियां तथा दुर्गुण घेर लेते हैं कि जिससे उसके चरित्र का अधःपतन हो जाता है। लोग इस अभिशाप से दुराचारी तथा अपराधी बन जाया करते हैं। निठल्ले और निष्क्रिय बैठे रहने वाले व्यक्तियों का विचार संतुलन बिगड़ जाता है जिससे उन्हें ऐसी-ऐसी अनेक सनके सूझा करती हैं जो व्यवहार जगत में पागलपन की संज्ञा पा सकती है।

उद्योगी और परिश्रमी व्यक्ति ही आपको सुखी और धन सम्पन्न दिखाई देंगे। मनुष्य का जन्म भले ही निर्धन परिवार में हो, उसके पास घर की जमीन

जायदाद कुछ भी न हो केवल उद्योग और श्रम की आदतें हों, आलस्य से मुक्त हो तो वह धन और कीर्ति प्राप्त कर सकता है। लक्ष्मी हमेशा ही श्रम और उद्योग के अधीन रहती है, जो आलस्य नामक शिथिल और पंगु बनाने वाली आलसी वृत्ति को छोड़ेगा वह निश्चित ही संपन्नता और प्रतिष्ठा प्राप्त करता है।

आलस्य और टालमटोली

काम को कल पर टालने के पीछे एक बड़ा कारण है आलस। 'आलस' नाम का यह पक्षी सभी के सिर पर मंडराता रहता है। ऐसे में व्यक्ति को चाहिए कि वह इस पक्षी को अपने सिर पर घोंसला बनाने की अनुमति न दें। प्रायः देखा जाता है कि यह सफल और असफल दोनों प्रकार के व्यक्ति को अवश्य अपने घेरे में लेने का प्रयास करता है, लेकिन वही व्यक्ति सफल होता है जो आलस्य के चक्रव्यूह को तोड़कर उससे जल्दी बाहर निकल आता है।

आदमी की उन्नति और सफलता के मार्ग में सबसे बड़ी बाधा है काम को कल पर टालते जाना। काम को टालने या स्थगित करने की आदत ने जितनी जिंदगी बर्बाद की है उतनी युद्ध, बीमारियों और प्राकृतिक प्रकोप ने मिलकर भी नहीं की होगी।

आपको अगर दुःख, निराशा और विफलता से नहीं जीना है, सफल और सुखी लोगों को देखकर ईर्ष्या की अग्नि में नहीं झुलसना है तो बस एक ही तरीका है जो काम करना है, उसे आज ही अभी शुरू कर दीजिए। कल पर कभी न टालें क्योंकि कल कभी नहीं आता। किसी ने ठीक ही कहा है -

जिसने कहा कल, दिन गया टल
जिसने कहा परसों, बीत गए बरसों
जिसने कहा आज, उसने किया राज।

जो लोग आज के काम को कल पर टाल देते हैं, वह काम कभी पूरा नहीं होता क्योंकि उसे अगले दिन भी करना कठिन लगता है। मन पर काम का बोझ बना रहता है और मन चिंता से घिरा रहता है। परिणाम यह होता है कि काम एक बोझ लगने लगता है। जो काम बड़े आनंद के साथ किया जा सकता है, कल वह हमें दुःख देने वाला कांटा बन जाता है।

टालमटोली की आदत एक अच्छे इंसान के व्यक्तित्व और उसके जीवन की सफलताओं को समाप्त कर देती है। स्टॉकहोम सहित अन्य आठ यूनिवर्सिटी के छात्रों पर हुए एक शोध में हाल में ही यह बात सामने आई है।

एक अन्य शोध में सामने आया है कि टालमटोली की आदत से मानसिक और शारीरिक स्वास्थ्य प्रभावित होता है, मनुष्य की कार्य क्षमता कम हो जाती है, काम पूरा न हो पाने की चिंता बनी रहती है।

कल कभी नहीं आता

आने वाला कल कभी नहीं आता, वो वह भी आता है तो आज बनकर आता है। इसलिए आने वाले कल में जो भी अच्छा करने की चाह हो उसकी शुरुआत आज से ही करनी चाहिए।

इसलिए आप "हो जाएगा", "देखा जाएगा", "कर लेंगे" जैसे शब्दों से बचिए। काम को तुरंत निपटाने की आदत डालिए।

टालमटोल की आदत को त्यागें, अपने अंदर की स्फूर्ति और उत्साह को बनाए रखें। सवेरे जल्दी योजना बनाएं, उस पर अमल करें और सभी कामों को अपने नियत समय से पूर्व ही संपन्न कर लें। आप पाएंगे कि आप गजब के आत्मविश्वासी हो गए हैं और इससे मिलने वाली संतुष्टि तो आप को बोनस के रूप में मिलेगी।

टालने का खूबसूरत अंदाज

आज कल की स्थिति बड़ी विकट होती है। यह काम को टालने का खूबसूरत अंदाज है जो मनुष्य के सुखों को छीनने वाला सिद्ध होता है।

स्टेफन लिको ने लिखा है कि हमारे जीवन की यह छोटी सी शोभायात्रा भी कितनी विचित्र है। आज का काम कल पर छोड़ दिया जाता है। बालक कहता है कि किशोर होने पर देखा जाएगा, किशोर युवावस्था की प्रतीक्षा करता है और युवा बनने पर कहता है गृहस्थ बनने पर देखेंगे और तब तक विचार बदल जाता है, सोचता है गृहस्थ हो गया तो क्या हुआ पहले सांसारिक

झंझटो से निपट लूं, तब देखूंगा। और जब कामकाज से छुट्टी मिल जाती है तब वह अपने अतीत पर दृष्टिपात करता है और उसे लगता है जैसे अतीत पर पाला पड़ गया हो, सब कुछ समाप्त हो गया हो।

जो व्यक्ति समय के मूल्य को पहचानते हैं, वे समय पर एवं समय से अपना काम करते हैं और सफलता अर्जित करते हैं। जो समय के महत्व को नहीं समझते और हर काम में टालमटोली करते हैं, वे अपनी असफलता के लिए भाग्य को दोष देते रहते हैं, और दुःखी होते रहते हैं। दोनों तरह के व्यक्तियों के दृष्टिकोणों को निम्नांकित कथन से समझा जा सकता है -

काल करे सो आज कर आज करे सो अब
पल में परलय होएगी, बहुरि करेगा कब।

एवं

आज करे सो काल कर, काल करे सो परसों।
जल्दी-जल्दी क्यों करता है, अभी तो जीना है बरसों।।

स्पष्ट है कि प्रथम दृष्टि वाले व्यक्ति जीवन में कुछ करके जीवन की सार्थकता सिद्ध करना चाहते हैं और द्वितीय दृष्टिकोण वाले व्यक्ति की आदत हर काम को टालने की होती है, ये इसी प्रकार अपनी जिंदगी व्यतीत कर देते हैं। इनका कल कभी नहीं आता तथा असफलता, निर्धनता और निराशा इनकी नियति बन जाती है।

अतः आपको चाहिए कि आप शैतान टालमटोली की आदत के चंगुल से बाहर आएं, तभी आप समय की पाबंदी कर सकेंगे और निर्धनता की चंगुल से निकल सकेंगे।

समय चूक की हूक

समय के बर्बादी का सबसे बड़ा दुश्मन है। किसी काम को आगे के लिए टाल देना, आज नहीं तो कल करेंगे, यह ठीक नहीं है।

स्वेट मार्डेन का कथन है - "इतिहास के पृष्ठों में कल की धार पर कितनी प्रतिभाओं का गला कट गया, हमारी कितनी योजनाएं अधूरी रह गईं, कितने

निर्णय बस यों ही रह गए, कितने पछताते हाथ मलते रह गए। लेकिन बाद में पछतावे करने से क्या लाभ।"

कवि रहीम ने ठीक ही कहा है -

समय लाभ सम लाभ नाहि, समय चूक नहीं चूक,
चतुरन चित रहिमन लगी, समय चूक की हूक।

समय चूक पश्चाताप की हूक बन जाती है। यदि आप जीवन में कुछ बनना चाहते हैं, सफलता पाना चाहते हैं तो अपने किसी काम को भूलकर भी कल पर न डालें। जो काम आज किया जाना है उसके लिए आज का ही दिन निश्चित करें।

कबीर दास ने कहा है -

कबीर जो दिन आज है, सो दिन नाही काल।
चेत सके तो चेती ले, मिच परी है ख्याल॥

साधु की सीख

एक राजा एक साधु के पास जाकर बोला महाराज! काम के लिए उपयुक्त समय कौन-सा है? यह कैसे जाना जाए? साधु ने क्यारी गोड़ते रहे कुछ बोले नहीं। राजा ने दूसरे दिन भी वही प्रश्न किया। साधु फिर भी कुछ न बोलकर पौधे लगाते रहे। शाम को फिर राजा साधु के पास जाकर बोला महाराज! आपने तो प्रश्न का उत्तर नहीं दिया पौधों को पानी लगाते हुए साधु बोले पहले भी उत्तर दिया है, और अब भी दे रहा हूँ। तुम समझते नहीं तो क्या करूं? राजा ने समझा जो काम सामने है उसे बिना टालमटोली अभी पूरा करना सबसे अच्छा अवसर है।

टालमटोली के दुष्परिणाम कुछ ऐतिहासिक घटनाएं

नेपोलियन बोनापार्ट का सेनापति पांच मिनट लेट पहुंचा। इस छोटे से विलंब से जीत हार के रूप में परिणत हो गई और नेपोलियन कैद कर लिया गया।

महमूद गजनवी ने सोमनाथ मंदिर पर चढ़ाई की। गजनवी की फौज की तुलना में राजपूतों की सेना कहीं अधिक बड़ी और साधन संपन्न थी। जब आक्रमण हुआ तो पंडितों ने बताया कि अभी प्रत्याक्रमण करने का मुहूर्त ठीक नहीं है। इसलिए यह समय टालना जरूरी है। इस समय लड़ेंगे तो हम हार जाएंगे। राजपूतों को चुप बैठना पड़ा। फलस्वरूप गजनवी का आक्रमण सफल हुआ उसने शिव प्रतिमा के टुकड़े कर दिए और बड़ी मात्रा में संपत्ति लूट कर ले गया।

बख्तियार खिलजी ने बंगाल पर चढ़ाई की वहाँ का राजा ज्योतिषियों का अंधभक्त था। उनसे बिना पूछे वह पत्ता भी नहीं तोड़ता था। यह जानकारी खिलजी को मिल गई उसने राज्य ज्योतिषियों को बड़ी रिश्वत देकर अपने पक्ष में कर लिया। उन्होंने राजा से कह दिया कि अभी लड़ने का मुहूर्त नहीं है यह समय टाल देना चाहिए अन्यथा हम हार जाएंगे। राजा कोई और उपाय न देखकर राज्य छोड़कर चुपचाप भाग गया और बख्तियार खिलजी बिना लड़ाई किए ही बंगाल का राजा बन बैठा।

यह ऐतिहासिक घटनाएं बताती है कि शुभ-अशुभ समय के जंजाल में काम को टाल देना न तो कोई बुद्धिमता है और न तथ्य।

जो काम करना है उसे समय पर पूरा कर देता हूँ

कावेट का कहना है मेरी विजय का कारण मेरी तत्परता अधिक थी योग्यता कम, इसी गुण के कारण सेना में मेरी उन्नति हुई। मुझे दस बजे पहुंचना होता था तो मैं नौ बजे ही तैयार हो जाता था, कभी किसी को मेरी प्रतीक्षा नहीं करनी पड़ी।

इसी प्रकार सर वाल्टर रेले से एक व्यक्ति ने पूछा आप इतने समय में इतना अधिक काम कैसे कर लेते हैं? उन्होंने उत्तर दिया मुझे जो करना है होता है, उसे उसी समय समाप्त कर देता हूँ।

एक फ्रेंच राजनीतिज्ञ से पूछा गया, "आप कैसे इतना अधिक काम कर लेते हैं और साथ ही समाज के अन्य कार्यों में भी हिस्सा लेते हैं?"

उत्तर मिला - "मैं आज का काम आज ही कर डालता हूँ।"

वास्तव में किसी व्यस्त व्यक्ति के काम कभी अधूरे नहीं होते, क्योंकि वह काम को कल पर कभी नहीं टालता, उसका दिमाग व्यवस्थित रहता है, अधूरे काम की चिंता उसे रहती ही नहीं है।

निर्धनता की जड़ निष्क्रियता और समय की बर्बादी।

-अब्राहम लिंकन, अमेरिका के पूर्व राष्ट्रपति

1848 में अमेरिका के राष्ट्रपति अब्राहम लिंकन का पत्र जो उन्होंने अपने सौतेले भाई को लिखा था जो आज भी हमें प्रेरणा देता है।

प्रिय जॉन्सटन,

जीवन में अनेक अवसरों पर मैंने तुम्हारी सहायता की लेकिन कुछ समय बाद ही मैं तुम्हें फिर से उसी मुश्किल स्थिति में पाता हूँ। इसका भला क्या कारण हो सकता है, तुम निश्चित ही आलसी नहीं हो, पर तुम निष्क्रिय जरूर हो। हमारी आखिरी भेंट के बाद तुमने शायद ही कभी पूरा दिन काम किया हो। ऐसा नहीं कि तुम्हें काम करना पसंद नहीं, फिर भी तुम ज्यादा काम नहीं करते, क्योंकि तुम्हें नहीं लगता कि इससे तुम ज्यादा कुछ हासिल कर पाओगे। समस्या की जड़ है बिना किसी प्रयोजन के समय नष्ट करने की आदत। यह तुम्हारे और तुम्हारे बच्चों के लिए बहुत जरूरी है कि तुम इस आदत से छुटकारा पा लो, तुम्हें पैसों की जरूरत है ना, एक काम करो किसी ऐसे व्यक्ति के पास जाओ जो तुम्हें पैसा दे सकता है, और उसके लिए पूरी मेहनत से काम करो। घर के कामकाज अपने पिता और लड़कों को सौंप दो। तुम्हारे सिर पर जो कर्जा है उसे उतारो। अच्छा सुनो मैं एक वादा करता हूँ। आज और एक मई के बीच तुम्हारे द्वारा कमाए हर डॉलर के एवज में मैं तुम्हें अपनी ओर से एक डॉलर का इनाम दूंगा। समझ लो कि अगर मैंने तुम्हें इस तरह

से दस डॉलर उधार दिए तो, उसके बदले में तुम भी अपनी ओर से दस डॉलर कमा लोगे। फिर देखना न केवल तुम अपना सारा कर्जा उतार सकोगे बल्कि एक ऐसी आदत भी विकसित कर लोगे जिससे तुम फिर कभी कर्ज के जाल में नहीं फंसोगे।

स्नेह।

आलस्य और टालमटोली का परित्याग

आलस्य का त्याग करने से मनुष्य को अपने लक्ष्य में निश्चित सफलता प्राप्त होती है। चाहे वह लक्ष्य विद्या संबंधी हो, चाहे लक्ष्मी संबंधी हो, चाहे व्यापार संबंधी हो। सफलता उद्योगी और कर्मशील मनुष्य को स्वयं ही आकर वरण करती है। संसार की सुख संपत्ति, वैभव समृद्धि, स्वयं कर्मण्य मनुष्य के चरणों पर न्योछावर हो जाती है। मानव स्वयं अपने भाग्य का विधाता है। वह अपने उद्योग में, अपने श्रम से अपने भाग्य की वक्र रेखाओं को बदल सकता है। जो आलसी और अकर्मण्य होते हैं वही देव देव पुकारा करते हैं उनमें धैर्य और साहस का अभाव होता है, जिससे वे स्वयं उन्नति नहीं कर पाते और दीन हीन अवस्था में पड़े रहते हैं। लेकिन अपनी दीन हीनता और दुर्दशा का दोषारोपण दूसरों पर करते हैं, जैसा कि गोस्वामी तुलसीदास जी ने लिखा है -

ते परत्न दुःख पावहीं, सिर धुन धुन पाछिताहिं।
कालहि कर्महि ईश्वरहि मिथ्या दोष लगहि॥

गीता में अर्जुन को भगवान श्री कृष्ण ने कर्मयोग का ही उपदेश दिया है। संसार में मनुष्य को कर्म करते रहना चाहिए तभी वह मानव कहलाने का अधिकारी है। आलसी व्यक्ति धोबी के कुत्ते की तरह है जो ना घर की रखवाली करता है और न ही घाट पर जा पाता है। कहने का तात्पर्य यह है कि आलसी व्यक्ति न अपना भला कर सकता, और न अपने परिवार का, न समाज का और न देश का। आलस्य और टालमटोली की आदत का परित्याग ही निर्धनता से छुटकारा दिलाने और संपन्नता प्राप्ति का प्रथम सोपान है।

❍

4.

भाग्यवादी नहीं कर्मवादी बने

भाग्य के दरवाजे पर सिर पीटने से बेहतर है कर्मों का तूफान पैदा करें, सारे दरवाजे खुल जाएंगे

- नेपोलियन हिल

प्रायः लोग सफलता और असफलता का श्रेय भाग्य को देते हैं। वे मानते हैं कि यदि भाग्य में सफलता होगी तो सफलता मिलेगी अन्यथा उसकी प्राप्ति असंभव है। इस तरह ऐसी संकुचित दृष्टि के कारण वे संपूर्ण जीवन व्यर्थ गवा देते हैं। वास्तव में ऐसी अवधारणा आलसी और कर्महीन लोगों की सूचक होती है। जो व्यक्ति कर्मयोगी होते हैं और जिन्हें अपने कर्म, अपने परिश्रम एवं पुरुषार्थ पर विश्वास होता है उनके लिए सफलता प्राप्त करना सहज कार्य होता है।

पुरुषार्थ से ही समस्त कार्य सफल होते हैं, मनोरथो से नहीं। किसी काम के बारे में कल्पना कर लेता ही पर्याप्त नहीं होता, उसके लिए पूरी मेहनत करनी पड़ती है। ऐसे लोग जो अपने भाग्य भरोसे बैठे रहे हैं, वह सफलता की तैयारी और अपनी शक्तियों को कुंठित कर देने के सिवाय कुछ भी प्राप्त नहीं कर पाते। सफलता प्राप्त करने वाले अपने साहस और पुरुषार्थ का सहारा लेकर चलते हैं। वे किसी का मुंह नहीं ताकते, भाग्य की कृपा या अवसर की प्रतीक्षा में नहीं बैठते, जो काम हाथ में लेते हैं उसे प्राणपण से पूरा करने में जुट जाते हैं। चाहे कितनी ही बाधाएँ उनके मार्ग में आए, वे आगे बढ़ते ही जाते हैं। बहानेबाजी आलसियों का अवलंबन है। जो काम करने से जी चुराते हैं, वे भाग्य और अवसर तथा किसी के सहारे की आशा लगाए बैठे रहते हैं।

संसार में जब भी, जहाँ भी, जिसने असाधारण सफलता प्राप्त की है वह केवल पुरुषार्थ द्वारा अर्जित है। पुरुषार्थ सफलता की जनक है।

अक्सर लोग गलत चिंतन और अर्कण्यता के कारण भाग्य के भरोसे बैठे रहते हैं, उसकी मनोतियाँ करते रहते हैं, किंतु भाग्य की अपनी कोई स्वतंत्र सत्ता नहीं है। भाग्य मनुष्य को परवश पशु की तरह ही हाँकता है। हमारा पूर्व पुरुषार्थ ही आज का भाग्य बनकर आता है और आज का पुरुषार्थ और भाग्य रेखाएं खींचता है।

पुरुषार्थों के शब्दकोश में असंभव जैसा शब्द नहीं

जो व्यक्ति दृढ़ संकल्पी, निडर विघ्न बाधाओं से विचलित न होकर निरंतर अपने लक्ष्य की ओर बढ़ता है, पुरुषार्थी कहलाता है। पुरुषार्थी अपनी सफलताओं से एक नया इतिहास रचता है और दुनिया के सामने 'कर्म' का एक आदर्श प्रस्तुत करता है।

पुरुषार्थी व्यक्ति न तो कभी भाग्य का रोना रोता है, और न ही परिस्थितियों को कोसता है। वह तो केवल अपने कर्तव्य पथ पर आगे बढ़ता है और मार्ग में आने वाले हर पत्थर को सीढी बना लेता है।

पुरुषार्थी के शब्दकोष में असंभव और नामुमकिन जैसा कोई शब्द नहीं होता। अपने हर सपने को हकीकत में बदलने के लिए उसका चिंतन हमेशा आशावादी और सकारात्मक होता है। वह सोचता हैं मैं कर सकता हूँ, मुझे करना चाहिए, मैं करूंगा। उसे पता होता है कि जितना बड़ा पैर होता है, जूता उससे बड़ा चाहिए। लक्ष्य जितना बड़ा हो, मेहनत भी उतनी ही बड़ी चाहिए और समय भी उतना ही ज्यादा। जो लोग जिंदगी में कामयाबी चाहते हैं, वे किसी प्रकार का बहाना कभी नहीं बनाते।

भाग्यवादी नहीं, कर्मवादी बनिए

मनुष्य कर्म पर विश्वास कर कठिन लक्ष्य को भी सरलता से पा सकता है। मंजिल कितनी ही दूर क्यों न हो, पथ कितना ही दुर्गम क्यों न हो, यदि

पुरुषार्थी मनुष्य लक्ष्य निर्धारित कर उसी दिशा में कर्म करता रहे, तो सफलता उसके कदम जरूर चूमती हैं। अकर्मण्य मनुष्य अपनी असफलता और आलस्य पर पर्दा डालने के लिए भाग्य को दोष देते हैं। भाग्य भी उन्हीं का साथ देता है, जो कर्म पर विश्वास करते हैं। पुरुषार्थी मनुष्य पर ही भाग्य की कृपादृष्टि होती है। परिश्रम के पसीने से खींचकर जीवन में सफलता के सूर्यमुखी खिलाएं जा सकते हैं।

किसी ने क्या खूब कहा है -

कर्म एक ऐसा रेस्टोरेंट है जहाँ आर्डर देने की जरूरत नहीं है,
हमें वही मिलता है जो हमने पकाया है।

हमारे धार्मिक ग्रंथों में भी कर्म को महत्व दिया गया है। गीता का सारांश भी यही है कि फल की चिंता किए बिना लगातार कर्म किए जाने चाहिए। भगवान कृष्ण स्वयं कर्मयोगी थे। भगवान राम को भी अपनी सफलताओं के लिए प्रयत्न करना पड़े। जो युवक धर्म में विश्वास रखते हों, उन्हें चाहिए कि वे अपने आराध्य की मूर्तियों को पूजने के साथ-साथ उनके जीवन से प्रेरणा लेकर कर्मवीर बनें।

भर्तृहरि ने अपने नीति शतक में कहा है -

"धर्म हो या अध्यात्म, विज्ञान हो या दर्शन नास्तिक हो या आस्तिक
कर्म को निर्विवाद अनिवार्य माना है।"

बहुत देर हो गई, हनुमानजी नहीं आए

एक दिन एक गाड़ीवान अपनी गाड़ी से कहीं जा रहा था। रास्ते में एक जगह कीचड़ था। कीचड़ में गाड़ी के पहिए फंस गए। बैल उसे खींच नहीं पा रहे थे। गाड़ीवान गाड़ी में बैठे-बैठे ही जोर-जोर से अपने आराध्य हनुमान जी का पाठ करने लगा। पाठ करते बहुत देर हो गई, पर हनुमान जी नहीं आए। किसान झल्लाने लगा और भले बुरे शब्द कहने लगा। उसी समय एक अन्य किसान पास के अपने खेत से जा रहा था। उसने यह दृश्य देखा और

कहा- मूर्ख, हनुमान जी तो पर्वत उखाड़ लाए थे। समुद्र कूद गए थे। तू उनका भक्त बनता है, तो कीचड़ में उतरकर पहिए को जोर क्यों नहीं लगाता? गाड़ी धकेले जाने पर ही बैल उसे निकालने में समर्थ हो सकेंगे।

अंधविश्वासी भक्त चेता, उसे अपनी भूल प्रतीत हुई। वह कीचड़ में उतरा और हनुमान जी को याद करते हुए उसने पहियों को जोर लगाया। गाड़ी आगे चली और कीचड़ से पार हो गई।

प्रत्येक व्यक्ति को चाहिए कि वह भाग्यवादी न बनकर कर्मवादी बनें। भाग्य भी उसी का साथ देता है जो कर्म करते हैं, प्रयत्न करते हैं।

गोस्वामी तुलसीदास जी ने भी कहा है -

कर्म प्रधान विश्व रचि राखा
जो जस करहिं तस फल पावा।

'कर्म' के बारे में मैं किसी ने बहुत सरल शब्दों में कहा है -

कर्म करो तो फल मिलता है,
आज नहीं तो कल मिलता है।
जितना गहरा अधिक हो कुआं,
उतना मीठा जल मिलता है।
जीवन के हर प्रश्न कठिन का
जीवन से ही हल मिलता है।

कर्म की महिमा

एक बार गुरु गोविंद सिंह एक स्थान पर धर्म चर्चा कर रहे थे। शिष्य उनकी धाराप्रवाह वाणी को मंत्रमुग्ध होकर सुन रहे थे। चर्चा समाप्त होने पर गुरु गोविंद सिंह को प्यास लगी। उन्होंने अपने शिष्यों से कहा कोई अपने पवित्र हाथों से मेरे लिए पानी ले आवे।

एक शिष्य दौड़ा गया और फौरन चांदी के गिलास में निर्मल जल ले आया। गिलास को गुरु गोविंद सिंह की ओर बढ़ाते हुए उसने कहा लीजिए

गुरुदेव! गुरु गोविंद सिंह ने गिलास हाथ में लेते हुए शिष्य की हथेली की ओर देखा। बोले वत्स तुम्हारे हाथ तो बड़े कोमल हैं। गुरु के इस कथन को प्रशंसा मानकर शिष्य को बड़ी प्रसन्नता हुई। गर्व से बोला गुरुदेव मेरे हाथ इसलिए कोमल हैं कि मुझे कोई श्रम नहीं करना पड़ता। मेरे यहाँ बहुत से नौकर चाकर लगे हैं। उनसे जो कहता हूँ फौरन कर देते हैं।

गुरु गोविंद सिंह गिलास को अपने होठों से लगाने ही वाले थे कि उनका हाथ रुक गया। बड़े ही गंभीर स्वर में उन्होंने कहा वत्स जिस हाथ ने कभी कोई काम नहीं किया, कभी कोई सेवा नहीं की, परिश्रम से जो मजबूत नहीं हुआ और जिसकी हथेली में मेहनत करने से गांठ नहीं पड़ी उस हाथ को पवित्र कैसे कहा जा सकता है?

वह कुछ रुके फिर बोले पवित्रता तो श्रम और सेवा से प्राप्त होती है। इतना कहकर गुरु गोविंद सिंह ने पानी का गिलास नीचे रख दिया।

स्पष्ट है कि कर्म में विश्वास रखकर ही हम जीवन में सब कुछ प्राप्त कर सकते हैं। इस संबंध में एक मंत्र इस प्रकार से है

कराग्रे वसत लक्ष्मी, करमध्ये सरस्वती।।
करमूले तु गोविन्दम्, प्रभाते करदर्शनम।।

इस मंत्र का अर्थ है कि हाथों के अगले भाग में लक्ष्मी निवास करती है मध्य भाग में माँ सरस्वती का निवास है तथा हाथों के मूल भाग में ईश्वर स्वयं निवास करते हैं इसलिए प्रभात के समय उठकर हाथों के दर्शन करना चाहिए।

इस मंत्र को कुछ लोग इस तरह देखते हैं कि जब हम अपने हाथों से कर्म करते हैं तो लक्ष्मी आ जाती है, और सरस्वती भी आ जाती है। परमात्मा स्वयं हमारा साथ देने लगते हैं इसलिए हाथों पर पूरा भरोसा करना चाहिए। यानी कर्म को जीवन में सबसे अधिक महत्व देना चाहिए।

ज्ञान के घोड़े पर कर्म की सवारी

ज्ञान और चिंतन जीवन का सैद्धांतिक पक्ष है। व्यावहारिक पक्ष कर्मों के रूप में परिलक्षित होता है। जो भी तकनीकी एवं वैज्ञानिक सिद्धांत हैं, उनकी

सत्यता की परख के लिए उन्हें व्यावहारिक क्षेत्र में क्रियाशील करना जरूरी है। जैसे एक कृषक खेती संबंधी अपने ज्ञान को व्यवहार में लाते हुए खेत जोतने से लेकर फसल तैयार होने तक काम करता है, तभी उसे अपने श्रम का फल मिलता है।

कर्म की प्रधानता गीता में भी बताई गई जिस प्रकार आत्मा के बिना शरीर निष्प्राण है, उसी प्रकार कर्म के बिना ज्ञान अधूरा ही नहीं, वरन निष्प्राण है। फारसी की एक कहावत है कि इल्म (ज्ञान) एक घोड़ा है और उस पर सवारी कर्म है। घोड़ा चाहे जितना भी अच्छा क्यों न हो, यदि उस पर कोई सवारी न करें तो उसकी अच्छाई किस काम की?

राजा विक्रमादित्य के हाथ की रेखाएं

राजा विक्रमादित्य के पास हाथ देखकर भाग्य बताने वाला एक ज्योतिषी पहुंचा। विक्रमादित्य के हाथ की रेखाएं देखकर वह चिंतामग्न हो गया। उसके शास्त्र के अनुसार तो राजा को दीन-दुर्बल और कंगाल होना चाहिए था, लेकिन वे तो सम्राट थे, स्वस्थ थे। लक्षणों में ऐसी विपरीत स्थिति संभवतः उसने पहली बार देखी थी। ज्योतिषी की दशा देखकर विक्रमादित्य उसकी मनोदशा समझ गए और बोले कि बाहरी लक्षणों से यदि आपको संतुष्टि न मिली हो तो छाती चीरकर दिखाता हूँ, भीतर के लक्षण भी देख लीजिए। ज्योतिषी बोला नहीं महाराज मैं समझ गया कि आप निर्भय है, पुरुषार्थी है, इसलिए आपने परिस्थितियों को अपने अनुकूल बना लिया है और भाग्य पर विजय प्राप्त की है। यह बात आज मेरे समझ में आ गई कि पुरुषार्थी मनुष्य में हाथ की रेखाओं को बदलने का सामर्थ्य होता है।

अथर्ववेद में कहा गया है कि पुरुषार्थ मेरे दाएं हाथ में है और सफलता मेरे बाएं हाथ में। इसका सीधा अर्थ यह है कि भाग्य के भरोसे वही व्यक्ति बैठा रहता है, जो कर्म को जीवन का उद्देश्य नहीं बनाता। कर्मशील व्यक्ति पुरुषार्थ से भाग्य को भी बदल देता है।

पुरुषार्थ ही जीवन है। इसका अभाव ही मृत्यु है। पुरुषार्थहीन व्यक्ति जीवित रहते हुए भी मरे के ही समान होता है।

नेपोलियन की सफलता का राज

किसी व्यक्ति ने नेपोलियन से उनकी सफलता का राज पूछा। वह जानना चाहता था कि कौन सी ऐसी दैवीय शक्ति हैं, जिससे वे इतने असाधारण कार्य कर सकें? नेपोलियन ने उस व्यक्ति को उत्तर दिया कि यदि हम पूरी ईमानदारी और समर्पण भाव से अपने लक्ष्य की प्राप्ति का संकल्प लें तथा उसे पूरा करने के लिए लगातार प्रयत्नशील रहे, तो सफलता में कोई संदेह नहीं रह जाता। जिसे हम दैवीय शक्ति मानते हैं, वह हमें प्रेरणा तो देती है, किंतु लक्ष्य प्राप्ति तो हमें स्वयं ही करनी होती है और जब हम जी जान से लग जाते हैं, तो संसार की कोई भी शक्ति हमें रोक नहीं सकती।

जो लक्ष्य आपको दूर से विराट प्रतीत होता है वह आपके लगातार प्रयत्नों से देखते-देखते प्राप्त हो सकता है। आप अपने कर्मों में जितनी श्रेष्ठता लाएंगे, फल भी उतने ही श्रेष्ठ प्राप्त होंगे। ऊंचाइयों की प्राप्ति जब तक नहीं हो सकती, जब तक कि बुलंद इरादे साधनायुक्त न हो। इतिहास साक्षी है कि व्यक्ति ने जब-जब जिन वर्गों में, जिस क्षेत्र में पराक्रम संजोया, वहाँ आशातीत सफलता प्राप्त हुई।

किसी ने ठीक ही कहा है -

आदमी को तरक्की पसंद होना चाहिए
वक्त के साथ चलने को रजामंद होना चाहिए।
सौगात हकीकतों कि मंजिल छू लेंगे
इरादों की मिसाइल बुलंद होना चाहिए।

अभी युद्ध न करें, सफलता नहीं मिलेगी

भारत में मुगल साम्राज्य की नींव डालने वाले बाबर के जीवन से जुड़ी एक महत्वपूर्ण घटना है। एक ज्योतिषी ने आकर बाबर को सलाह दी कि अभी

आप युद्ध न करें। इस समय युद्ध करने से आपको सफलता नहीं मिल सकती। बाबर ने उससे पूछा 'आपको यह कैसे जानकारी मिली' उसने तो उत्तर में कहा 'मैं भविष्यवक्ता हूँ' बाबर ने कहा 'फिर तो आप अपना भविष्य भी जानते होंगे', यह बतलाइए कि आप कितने वर्ष और जीवित रहेंगे। उस ज्योतिषी का उत्तर था 37 वर्ष। बाबर ने म्यान से तलवार निकाली तथा ज्योतिषी का सिर धड़ से अलग कर दिया और सैनिकों को संबोधित करता हुआ बोला, जिसे अपने जीवन का अगला क्षण नहीं मालूम, ऐसे पाखंडी भविष्यवक्ता पर विश्वास नहीं किया जा सकता। उल्लेखनीय बात यह है कि उस इतिहास प्रसिद्ध युद्ध में बाबर को सफलता मिली तथा ज्योतिषी की बात गलत सिद्ध हुई।

भाग्यवाद को प्रश्रय देने वाली फलित ज्योतिष मान्यताएं हर दृष्टि से हानिकारक है। प्रचण्ड पुरुषार्थ के सहारे अभीष्ट प्रकार की सफलता प्राप्त कर सकना हर किसी के लिए संभव है।

बालक के भाग्य में विद्या नहीं है

प्रबल या दृढ़ इच्छाशक्ति रखने वाले अपने कार्य के प्रति संकल्परत रहते हैं। उनके संकल्प के सामने देव, दानव और यहाँ तक कि भाग्य भी समर्पण कर देता है। इस संदर्भ में उदाहरण प्रस्तुत है -

'एक माता-पिता ने एक प्रकांड पंडित को अपने बालक का हाथ दिखाया पंडित जी ने हाथ देखकर बड़ी निराशा से बताया कि बालक के भाग्य में विद्या नहीं है। यह सुनकर बालक ने पूछा महाराज कहाँ होती है विद्या की रेखा कृपया मुझे बताएं। पंडित जी ने बालक के हाथ में संकेत से रेखा का स्थान बता दिया, उसी क्षण बालक एक तेज धार वाला चाकू लाया और उसकी नोक से एक गहरी रेखा हथेली पर खींच दी, खून की धारा बह चली, पंडितजी बालक के साहस से चकित हो उठे, उन्होंने बालक के साहस की सराहना करते हुए कहा -

"चाकू से तो हाथ पर रेखाएं नहीं बनती, लेकिन दृढ़ निश्चय से यह संभव है कि तुम विद्या प्राप्त कर सको।"

चूंकि बालक के मन में विद्या प्राप्त करने की दृढ़ इच्छा शक्ति विद्यमान थी उसने उसी क्षण दृढ़ संकल्प से शपथ ली और भाग्य में विद्या ना होने की घोषणा को मिथ्या सिद्ध कर, वह एक दिन महान व्याकरणाचार्य बन गया। आप जानते हैं वह बालक कौन था? उसका नाम था पाणिनि, जिन्हें विश्व में संस्कृत के महान व्याकरणाचार्य के नाम से जाना जाता है।

याद रहे पुरुषार्थी व्यक्ति ही लक्ष्य अथवा कार्य की पूर्ति करने का संकल्प दृढ़ता के साथ ले सकता है, संकल्प वह आत्म बल प्रदान करता है, जिससे सफलता का मार्ग स्वयं प्रशस्त होता जाता है।

भाग्य के भरोसे विकलांग मत बनिए - क्रांतिकारी संत श्री तरूणसागर

भाग्य के भरोसे मत बैठिए, उठिए और कर्म करिए। आखिर आज का कर्म ही तो कल का भाग्य बनता है। ईश्वर पर भरोसा तो रखिए मगर ईश्वर के भरोसे मत बैठिए। जो लोग ईश्वर के भरोसे हाथ पर हाथ धरकर बैठ जाते हैं, वे अपने तन-मन को कमजोर करते हैं। वे सोचते हैं- वही होगा जो ईश्वर की मर्जी होगी। उसकी मर्जी के बिना एक पत्ता भी नहीं हिल सकता। ये क्षीण विचार अपने दिलो-दिमाग से बाहर निकाल फेंकिए। ये वो विचार हैं जो अच्छे खासे सेहतमंद व्यक्ति को मानसिक तौर पर विकलांग बना देते हैं।

बिना परिश्रम किए, बिना पसीना बहाए, भाग्य वृद्धि नहीं

भाग्यवादी सोच व्यक्ति को अकर्मण्य बना देती है और हम अपने कर्तव्यों के प्रति निर्जीव, अनमयस्क और निराश हो जाते हैं।

जो भाग्य में लिखा है सो होगा होतव्यता टलेगी नहीं, जितना मिलना है उतना ही मिलेगा, कर्म रेखा मिटती थोड़े ही है, जब अच्छे दिन आएंगे तभी सफलता मिलेगी, गरीबी दूर होगी जैसी मान्यताएं यदि मजबूती से जड़ें जमा ले तो किसी भी मनुष्य को अकर्मण्य और निराशावादी बना देगी। वह यही सोचता रहेगा कि जब अच्छा समय आएगा, सब कुछ अपने आप ठीक हो जाएगा, यदि भाग्य में नहीं है तो मेहनत करने पर भी नहीं मिलेगा। ऐसे

भाग्यवादी व्यक्ति न अपने पुरुषार्थ पर विश्वास करते हैं और न पूरे उत्साह से किसी काम में लगते हैं फलस्वरूप उन्हें कोई सफलता नहीं मिलती और वे निर्धनता की दलदल में फंसे रहते हैं और बार-बार भाग्य को कोसते रहते हैं।

किसी समाज का दर्शन दृष्टिकोण भ्रष्ट हो जाए तो उसमें सर्वांगीण भ्रष्टता आ जाती है। भाग्यवाद हमारी दार्शनिक भ्रष्टता है जिसने हमारे कर्मण्यनिष्ठा को बुरी तरह कुचल-मसल डाला। हम किसी समय विश्व के मूर्धन्य आज दुःख, दरिद्र की हीन परिस्थितियों में रह रहे हैं। इसका एक बड़ा कारण वही श्रम से दूरी। श्रम से दूरी बनाने वाली जाति स्वयं निर्धनता को आमंत्रित करती है।

जो लोग श्रम की महत्ता को संशय की दृष्टि से देखते हैं। उन्हें श्रम करना मूर्खता लगता है। वह बिना कुछ किए सब कुछ प्राप्त कर लेना चाहते हैं परन्तु बिना श्रम के निर्धनता से छुटकारा पाना एवं मान सम्मान प्राप्त कर लेने का स्वप्न केवल मिथ्या है।

हमारी दार्शनिक पराधीनता है। बौद्धिक दृष्टि से हम अभी भी किसी के गुलाम हैं। अंग्रेजी, मुसलमान और मुगल शासन भले ही समाप्त हो गए हों पर हमारे मस्तिष्क को भाग्य, देवता, ग्रह, नक्षत्र, विधि-विधान, ईश्वर इच्छा, समय का फेर आदि मूढ़ मान्यताओं की जंजीर में उन्हें बुरी तरह जकड़ी हुई हैं।

भाग्य के संबंध में किसी ने बड़ी ही सारगर्भित बात कही है -

देवता अमृत पीते हैं। गंधर्व सुरा पीते हैं, यक्ष आसव पीते हैं, राक्षस मदिरा पीते हैं, दानव और दैत्य रक्त पीते हैं। पिचास धुँआ या धूम्र पीते हैं, भ्रमर मकरंद पीते हैं। वनस्पति चांदनी या सुधा पीती है। योगी वायु या स्वासों को पीता है। किंतु भाग्य स्वेद (पसीना) पीता है। अतः बिना परिश्रम के किए बिना पसीना बहाए भाग्य की वृद्धि नहीं होती।

परिश्रमी व्यक्ति के जीवन में सदैव मधुमास बना रहता है वह अपने पुरुषार्थ से अपना भाग्योदय स्वयं करता है।

इंग्लैण्ड और अमेरिका की तुलना में भारत के लोग निर्धन क्यों ?

एक दंतकथा है कि एक बार नारद जी इंग्लैण्ड अमेरिका के साथ ही भारत भ्रमण पर निकले। उन्होंने देखा कि भारत के लोग इंग्लैण्ड और अमेरिका की तुलना में निर्धन हैं, उन्होंने भगवान से पूछा भगवान आप हजारों वर्षों से पृथ्वी पर रहने वाले मनुष्य की सारी मन्नते पूरी करते आ रहे हैं, फिर क्या कारण है कि भारत के अधिकांश लोग इंग्लैण्ड, अमेरिका में रहने वाले लोगों से निर्धन हैं।

भगवान शिव मुस्कुराए और बोले- "तुम पृथ्वी पर जाओ और भारत के लोगों से पूछो कि वे जीवन में क्या चाहते हैं ताकि वे इंग्लैण्ड, अमेरिका में रहने वाले लोगों की तरह धनवान बन जाए?"

नारद जी ने आदेश का पालन किया और मुंबई आ पहुंचे फिर एक-एक करके हजारों से पूछा कि वह जीवन में क्या चाहते हैं किसी ने धन मांगा, किसी ने पुत्र की नौकरी लगने की बात की, किसी ने पुत्र प्राप्ति की इच्छा व्यक्त की, किसी ने व्यापार की सफलता के लिए कहा, किसी ने बेटी की शादी की चिंता बताइए, किसी ने यश की कामना की।

सब बातों को एक कागज पर लिखने के बाद नारद जी वापस भगवान शिव के पास पहुंचे और बोले भगवान में मुंबई की गलियों में घूमा तथा हजारों लोगों से मिला फिर इस निष्कर्ष पर पहुंचा कि सभी को सांसारिक सुख भोगने की कामना है, और वह भी बिना श्रम के। क्योंकि किसी ने अपने अंदर छिपी संभावनाओं को उजागर करने का सिद्धांत नहीं पूछा।

भगवान शिव मुस्कुराए और बोले मैं तुम्हें यही समझाना चाहता हूँ कि भारत के लोग इसलिए निर्धन है, क्योंकि वे बिना परिश्रम के सब कुछ पाना चाहते हैं और हमेशा भाग्य के चक्कर में फंसे रहते हैं। लेकिन जब वे श्रम की महिमा और अपने अंदर छिपी संभावनाओं का ताला खोलना सीख जाएंगे, तब इंग्लैण्ड, अमेरिका के लोगों से भी अधिक धनवान बन सकेंगे।

भाग्य का निर्माता कौन ?

हिमालय पर्वत से नीचे की ओर लुढ़कने वाले पत्थरों के भविष्य पर क्या आपने कभी विचार किया है कुछ पत्थर पूर्व की ओर चले जाते हैं, और कुछ पश्चिम की ओर। पूर्व दिशा की ओर जाने वाले पत्थर गंगा आदि नदियों में पहुंच जाते हैं और चिकनी बटिया बन जाते हैं। उनमें से कुछ तो इतने सुडौल रूप को प्राप्त होते हैं कि वे शिवलिंग के रूप में प्रतिष्ठा के अधिकारी बन जाते हैं इसके विपरीत जो पत्थर पश्चिम दिशा की ओर लुढ़कते हैं, वे चूर चूर होकर रेत बन जाते हैं, और तप्त अनुर्वरक भूमिका निर्माण करते हैं।

मानवों की भी प्रायः यही दो श्रेणियां होती है। एक श्रेणी के मनुष्य रेत बनने वाले पत्थरों की भांति जीवन की निर्धनता का प्रमाण देते हैं, द्वितीय श्रेणी के मनुष्य शिवलिंग के सामान श्रेष्ठ एवं गरिमामय व्यक्तित्व के धनी बनकर कीर्ति अर्जित करते हैं।

बेचारे पत्थर के टुकड़े जड़ होने के कारण प्रकृति के हाथों में पड़कर चाहें जिधर की ओर लुढ़क जाने के लिए विवश होते हैं जबकि चेतन मनुष्य स्वेच्छानुसार दिशा अथवा मार्ग का चयन करने के लिए स्वतंत्र होता है। मनुष्य स्वविवेक अपने जीवन में जिस मार्ग का धारण करता है उसी के अनुसार उसके भाग्य का निर्माण होता है।

किसी ने ठीक ही कहा है -

अपने हाथों में होती है खुद अपनी तकदीर।
चाहे मधुर संगीत रचो या भरदो उसमें पीर।।

भाग्यवादी एवं अकर्मण्यवादी विचारों से दूर रहें

आप केवल वही बात सोचें अथवा कहें जिसे आप चाहते हो कि वह सत्य हो। हर बात करने या सोचने से कोई लाभ नहीं। बहुत से लोग यह कहते पाए जाते हैं अब तो हम बेकाम हो गए, अब तो भगवान हमें उठा ले। जब देखो यही रोना, हाय हम तो बड़े बदनसीब हैं, हमारा तो दुर्भाग्य आ गया है, हमने इतना

परिश्रम किया पर भाग्य ने हमारा साथ नहीं दिया, उन्हें यह पता ही नहीं कि ऐसे निराशाजनक विचार उनके सुख शांति के परम शत्रु है। ऐसे लोगों को मेरी सलाह है कि वे अपने मन में ऐसे कुविचारों को लेश मात्र भी जगह न दें। इनसे दूर रहने में ही अच्छाई है। हर समय ध्यान रखना चाहिए कि ऊंचे महान और पवित्र विचारों से ही आत्मा को सुख और शान्ति मिलती है।

अक्सर लोग गलत चिंतन और अकर्मण्यता के कारण भाग्य के भरोसे बैठे रहते हैं, उसकी मनौतियां करते हैं किंतु भाग्य की कोई स्वतंत्र सत्ता नहीं है। भाग्य मनुष्य को परवश पशु की तरह ही हाँकता है। हमारा पूर्व पुरुषार्थ ही आज का भाग्य बनकर आता है और आज का पुरुषार्थ भाग्य रेखाएं खींचता है।

❍

5.

छोटे कामों से करें श्री गणेश न सोचे लोग क्या कहेंगे?

आज छोटा काम आरंभ कीजिए कल बड़े काम आपके पास आकर प्रार्थना करेंगे कि हमें पूर्ण कीजिए।

- एक पारसी कहावत

आरंभ में यदि कोई छोटा काम मिलता है तो भी कर लीजिए। बड़े काम की प्रतीक्षा में बैठे रहना और भूखे मरना व्यर्थ है। काम कोई छोटा नहीं है। बड़े आदमी यदि काम करने लगे तो वह छोटा काम भी बड़ा हो जाता है। महात्मा गांधी चरखा काटते थे, इससे वे छोटे नहीं हुए वरन उस काम का महत्व बढ़ गया। श्रीकृष्ण गौ चराकर चरवाहे नहीं हुए, वरन गौसेवा का महत्व बढ़ गया। इसलिए बेकारी की अपेक्षा यदि कोई छोटा काम कम आय वाला मिलता हो, तो निसंकोच कर लीजिए कम से कम आमदनी का जरिया तो शुरू हो जाएगा। ऐसा मत सोचिए कि एक बार छोटा काम कर लेने पर हमारा दर्जा छोटा हो जाएगा और फिर बड़ा काम नहीं मिलेगा।

लकड़ी काटकर बेचने वाला, सफाई और धोबी के छोटे काम करके पेट भरने वाला गारफील्ड अपनी योग्यता के कारण अमेरिका का राष्ट्रपति बन सकता है तो कोई कारण नहीं कि एक छोटा काम कर लेने के बाद आपको हमेशा वह छोटा काम मिलेगा। अतः छोटे काम को ठुकराइए मत उंगली पकड़कर कलाई की ओर बढ़िए। काम के क्षेत्रों के संपर्क में आइए, अपनी योग्यता सिद्ध कीजिए। हम कहते हैं कि आप बेकार नहीं रह सकते और एक

दिन संतोष जनक काम प्राप्त कर निर्धनता से मुक्ति पा सकेंगे।

एक चीनी कहावत कितनी सटीक है -The longest Journey must begin with the first step.

धीरे-धीरे चलती हुई चींटी भी एक हजार मील तक चल लेती है और न चलता हुआ गरुड़ एक कदम भी आगे नहीं बढ़ पाता? इसलिए मनुष्य को धीरे-धीरे सफलता अर्जित करना चाहिए लेकिन वह अपने लक्ष्य से कभी न भटके चाहे उम्र कितनी भी क्यों न हो।

हममें से अधिकांश लोग ऐसे हैं जो काम की शुरुआत किए बिना हमें भविष्य में रास्ते में आने वाली बाधाओं की कल्पना करने लगते हैं, और पहला कदम उठाने में झिझकते हैं। सबसे महत्वपूर्ण है शुरुआत करना। एक छोटे से दिये से भी व्यक्ति एक घना जंगल पार कर सकता है, परंतु व्यक्ति को मालूम होना चाहिए कि दीये की रोशनी आपके कदम बढ़ाने से ही आगे बढ़ती है। इस प्रकार प्रयास किए बिना कल्पना के दम पर आगे नहीं बढ़ा जा सकता।

कोहरे से एक अच्छी बात सीखने को मिली कि जब जीवन में कोई रास्ता न दिखाई दे रहा हो तो बहुत दूर तक देखने की कोशिश बेकार है धीरे-धीरे एक-एक कदम चलो रास्ता खुलता जाएगा।

लंबी यात्रा का श्रीगणेश एक छोटे कदम से

जीवन में लंबी यात्रा एक छोटे से कदम से शुरू होती है। धीरे-धीरे वस्त्र की सिलाई एक-एक धागे को पीरोते हुए होती है। पर्वत की चढ़ाई कदम दर कदम चलने से होती है। दीक्षा भी धीरे-धीरे ग्रहण की जाती है। इसी प्रकार धन भी धीरे-धीरे अर्जित होता है। बस कर्म में निरन्तर लगे रहने की आवश्यकता है। इस दुनियां में जिन्होंने सफलता प्राप्त की, कीर्ति अर्जित की वे उसकी शुरुआत में धीरे-धीरे ही आगे कदम बढ़ाते रहें उन्होंने किसी काम को छोटा नहीं समझा।

बड़े उद्योगपति, व्यवसायी, लेखक, वैज्ञानिक, दार्शनिक आदि हुए उनका कार्यारम्भ छोटे प्रतीत होने वाले काम से ही हुआ।

मदर टेरेसा ने एक छोटी-सी गरीबों की बस्ती में एक खुला विद्यालय खोला था। गरीबों एवं असहायों की सेवा के प्रति समर्पित उनका प्रारंभिक प्रोजेक्ट उनके जीवनकाल में ही देश-विदेश में फैल गया और पूरे विश्व में उनकी सेवा संस्थान की दो सौ से अधिक शाखाएँ हो गयी। महात्मा गांधी ने सत्य एवं अहिंसा का प्रयोग दक्षिणी अफ्रीका में एक छोटी सी घटना के साथ किया अंततः वह दमन एवं शोषण के विरुद्ध पूरे विश्व का महा अभियान साबित हुआ। कविवर रवींद्रनाथ ठाकुर ने अपने साहित्य लेखन का कार्य एक छोटी रचना से ही किया। विमल मित्र, प्रेमचन्द आदि लेखकों ने संकोच के साथ पहली रचनाएं प्रकाशनार्थ भेजी थी। अज्ञेय ने संकोचवश अपना नाम तक नहीं लिखा था और अज्ञेय बन गए। न्यूटन ने पेड़ से सेब गिरने की एक छोटी सी घटना से अपने सिद्धांतों का प्रतिपादन किया। थॉमस अल्वा एडिसन ने एक छोटी सी बत्ती में पहला फिलामेंट बनाया और समस्त संसार बिजली की रोशनी से जगमगा उठा। गंगोत्री जो गंगा का उद्गम है उसे देखकर सहसा अनुमान नहीं होता कि यही से इतनी व्यापक और विराट गंगा निकली होगी फिर वही गंगा धीरे-धीरे प्रवाहित होती हुई विशाल सागर में समाहित हो जाती है।

इस संसार में तीन प्रकार के व्यक्ति होते हैं। पहला व्यक्ति काम शुरू ही नहीं करता सिर्फ सोचता रहता है, समय निकल जाने पर पछताता है, दूसरा व्यक्ति काम शुरू कर तो देता है परंतु बीच में ही उसका उत्साह भंग हो जाता है वह उसे छोड़ देता है, तीसरा व्यक्ति जो सबसे उत्तम है जो काम को शुरू करने से पहले विचार करता है और जब एक बार शुरू कर दिया तो कभी पीछे मुड़कर नहीं देखता आगे बढ़ता ही जाता है, संपन्नता ऐसे ही व्यक्ति को वरण करती है।

अपना कार्यक्रम बनाओ उसका पालन करो, किया गया प्रयास कभी खाली नहीं जाता। जो व्यक्ति समय का मूल्य नहीं समझता आलस्य या टालमटोली में अपना समय व्यर्थ गवा देता है ऐसा व्यक्ति हमेशा ही अपने

निर्धन होने का तथा जीवन में असफल होने का रोना रोता रहता है।

कबीर ने ठीक ही कहा है -

रात गंवाया सोय के दिवस गंवाया खाय।
हीरा जनम अनमोल था, कौड़ी बदले जाए।।

दिल्ली में शमिष्ठा नामक महिला ने एक चाय का ठेला खोला है। खास बात यह है कि शमिष्ठा अंग्रेजी में एम.ए. कर चुकी है और ब्रिटिश काउंसिल में सर्विस भी की है। लेकिन अब वे दिल्ली के गोपीनाथ बाजार में चाय का ठेला लगाती है, इस काम में वह जरा भी झिझक या शर्म महसूस नहीं करती। शमिष्ठा का सपना है कि वह अपना व्यापार बड़ा बनाए। शमिष्ठा के इस सपने को पूरा करने में उनकी मित्र भावना भी उनका साथ दे रही है।

उपयुक्त संदर्भ में कहा जा सकता है - "हर नई शुरुआत इंसान को थोड़ा सा डराती है। पर याद रखिए वही मुश्किल पार भी कराती है।"

बड़ा काम मिलने का न करें इंतजार

कितने ही लोग भूखे बैठे रहते हैं पर उस कार्य को नहीं करते जो छोटे समझे जाते हैं। काम कोई छोटा नहीं होता, जिस काम को करने वाले छोटे होते हैं, वही काम छोटा होता है। उद्योगी पुरुष जिस छोटे काम में हाथ डालते हैं तो वह भी महत्वपूर्ण बन जाता है। यदि आप बेकार है तो जरा भी मत झिझकिए कि छोटा काम कैसे करें? अपनी झेंप को एक कोने की तरफ फेंक दीजिए और जो काम सामने आए तो उसे करने के लिए तैयार हो जाइए।

आइजन हूबर इंजीनियरिंग की परीक्षा पास करने के बाद रोजगार की तलाश में थे। इस दौरान वे एक उद्योगपति के पास गए और अपने शिक्षा के बारे में बताया। उद्योगपति ने कहा अभी तो उनके संस्थान में इंजीनियर का पद रिक्त नहीं है। हाँ टाइपिस्ट की जगह जरूर खाली है, वे चाहे तो काम कर लें। हूबर ने बड़ी विनम्रता से कहा कि वे चार दिन बाद काम करने की अनुमति चाहते हैं। उद्योगपति हूबर की विनम्रता को देखकर तैयार हो गया। चार दिन बाद हूबर आए तो उन्हें टेस्ट के लिए कागज दिया गया। उन्होंने बिना कोई

गलती किए सब टाइप कर दिया। उद्योगपति ने उन्हें नौकरी पर रखते हुए चार दिन उपस्थित न होने का कारण पूछा तो उन्होंने कहा उस वक्त तो मुझे टाइपिंग आती ही नहीं थी, मैंने पहले उसे सीखा।

सही कहा गया है कि महान लोग बड़े अवसर की प्रतीक्षा नहीं करते छोटे अवसरों को भी बड़ा बना देते हैं। हूबर जो बाद में अमेरिका के राष्ट्रपति बने एक छोटी सी शुरुआत में भी अपनी लगन और अदम्य संकल्प का उदाहरण प्रस्तुत कर दिया।

मिस्टर फूलर का यह कथन बहुत ही सटीक है -

छोटा काम करने में लज्जित होने की आवश्यकता नहीं है, लज्जित तो उन्हें होना चाहिए जो बेईमानी से पैसा कमाते हैं।

यदि विवशता के कारण आज आप किसी ऐसे काम पर लगे हुए हैं जिसे आप मन से नहीं चाहते, माता-पिता या बीमार भाई-बहन या अन्य मजबूरी के कारण उस अरुचिकर काम करना पड़े तो यह मत सोच ले कि बस अपना जीवन लक्ष्य समाप्त हो गया। वह अरुचिकर कार्य करते हुए अपने लक्ष्य को मत छोड़िए उसको पाने के लिए बराबर कोशिश करते रहिए। यही विश्वास और परिश्रम एक दिन आपको मनचाहे काम तक पहुंचा देगा।

इस संदर्भ में प्रेरक वक्ता जिंग जेगुलर का कथन ध्यान देने योग्य है - "सफलता की लिफ्ट खराब हो गई है लेकिन सीढ़ियां हमेशा मौजूद हैं।"

वैज्ञानिक फैराडे लोहार का लड़का था। बचपन में उसकी विज्ञान की ओर रुचि थी वह किसी रसायनशाला में काम करना चाहता था। रसायनशाला में नौकरी तलाश करने वहाँ गया और सीखने की अपना इच्छा जाहिर की तो, मालिक ने उसे बोतलें धोने और टूटे-फूटे बर्तन समेटने के काम पर यह सोचकर रख लिया कि यदि इसका उन्नति शील स्वभाव होगा तो छोटे काम से तरक्की कर लेगा। यदि मूढ़ होगा तो मामूली काम करने में अपने को अपमानित समझकर भाग जाएगा। फैराडे भागा नहीं। उसने बोतले साफ

करने और टूटे बर्तन समेटने में ऐसी कुशलता का परिचय दिया कि मालिकों को उसे बरबस ऊंचे काम देने पड़े और एक दिन वह उसी रसायनशाला का सबसे बड़ा वैज्ञानिक बना।

गांव से काम की तलाश में आया युवक बना शहर का धनवान नागरिक

मैं एक युवक को जानता हूँ जो काम की तलाश में अपने गाँव से उज्जैन नगर में आया जहाँ उसका कोई परिचित नहीं होता। अपनी मेहनत से वह अखबार बेचने का कार्य शुरू करता है। धीरे-धीरे उसकी उन्नति हो जाती है कि वह अखबार और पत्रिकाओं की दुकान बना लेता है। पर वह संतुष्ट नहीं होता, इसके साथ ही वह रात को कॉलेज पढ़ने भी जाता है, अर्थात रात-दिन उसके सामने अपने उन्नति का स्वप्न रहता है। परिणाम स्वरूप वह साधारण अखबार बेचने वाला युवक उज्जैन नगर का सुशिक्षित धनवान नागरिक बन जाता है।

कमल किशोर मण्डल चैकीदार से बने उसी महाविद्यालय के प्रोफेसर

कमल किशोर मंडल बिहार, भागलपुर ने जिस शैक्षणिक संस्थान में नाइट गार्ड के रूप में नौकरी शुरू की, दो दशकों तक कड़ी मेहनत, लक्ष्य पर फोकस से आज वह उसी जगह प्रोफेसर बन गए।

किसी भी अन्य गरीब परिवार की तरह भागलपुर के कमल को गरीबी के कारण साल 2003 में आरडी एंड डीजे कॉलेज में नाइट गार्ड की नौकरी करनी पड़ी तब वह 23 साल की उम्र में ढेरों सपने लिए राजनीति विज्ञान में स्नातक ही हुआ था। वेतन भले कितना भी कम था पर परिवार वालों के लिए यह सांस लेने के लिए जरूरी हवा जैसा था। ऐसा इसलिए भी जरूरी था क्योंकि उसके पिता गोपाल मंडल सड़क किनारे एक गुमटी पर चाय बेचते थे, और उनकी कमाई घर चलाने के लिए काफी नहीं थी। दिलचस्प बात है कि उसके पिता अभी भी चाय बेचते हैं। गार्ड के तौर पर नौकरी ज्वाइन करने के एक महीने बाद ही उसे तिलका मांझी भागलपुर यूनिवर्सिटी में सोशल वर्क

विभाग में भेज दिया गया। 2008 में उसकी पोस्ट बदलकर चपरासी हो गई। विद्यार्थियों के करीब रहकर उसके कानों में उनके शब्द सुनाई देते, आंखें उन युवा विद्यार्थियों की बौद्धिक परिचर्चा पर टिकी रहती, ये सब देखकर उसमें आगे पढ़ने की ललक जागी। उसने संबंधित अधिकारियों से आगे पढ़ने की अनुमति मांगी और वे तैयार हो गए। उसने दो साल में पोस्ट ग्रेजुएशन किया। वह सुबह क्लास में जाता, दोपहर में ड्यूटी पर आता और रात में सबक दोहराता। पीजी के बाद उसने विभागाध्यक्ष से पीएचडी की अनुमति मांगी। पर अनुमति में तीन साल लग गए और 2013 में उसने डॉक्टरेट में प्रवेश लिया, 2017 में शोध कार्य पूरा किया। आखिरकार 2019 में उसे पीएचडी की डिग्री मिली। इस बीच उसने व्याख्याता बनने के लिए असिस्टेंट प्रोफेसर नेट पास की और नौकरी खोजने लगा। पर उसने चपरासी की नौकरी नहीं छोड़ी क्योंकि वह आर्थिक मदद परिवार के लिए सांसे लेने के लिए हवा जैसी थी।

उसका इंतजार 2020 में जाकर तब खत्म हुआ जब बिहार राज्य विश्वविद्यालय सेवा आयोग ने असिस्टेंट प्रोफेसर की 4 पोस्ट निकाली वह भी उसी विभाग के लिए जहाँ वह काम करता था। साक्षात्कार के लिए कमल किशोर मंडल सहित 12 लोगों को बुलाया गया और मंडल ने उसमें बाजी मार ली, इसका सबसे ज्यादा गर्व उसके शिक्षकों को हुआ जिन्होंने उसे पढ़ाया था।

रिक्शा चालक बना कैब कंपनी का मालिक - दिलखुश कुमार की दिलचस्प कहानी

बिहार के सहरना जिले के बनगांव के रहने वाले दिलखुश कुमार की कहानी बड़ी दिलचस्प व प्रेरक है। दिलखुश की पढ़ाई इंटरमीडिएट तक हुई। पिता बस के ड्राइवर हैं। गाँव के लोग कहते थे, बस का ड्राइवर का बेटा तो बस ड्राइवर ही बनेगा, लेकिन दिलखुश के लिए यह भी आसान नहीं रहा। वे रोजगार की तलाश में दिल्ली गए। बस ड्राइवर की नौकरी नहीं मिली तो

रिक्शा चलाना शुरू किया। बीमार होने पर अपने गाँव लौटकर आएँ। उन्होंने कुछ अलग ही काम करने की ठानी। स्टार्ट अप योजना के अंतर्गत बिहार सरकार से सीडफंड से ऋण लिया। अक्टूबर 2016 में आयांगो नाम से कैब सेवा शुरू की। इसमें लगभग 350 गाड़ियों का संचालन होता है।

6 जून, 2018 को प्रधानमंत्री नरेंद्र मोदी स्टार्ट अप इंडिया योजना के तहत युवाओं से बात की थी। इसमें दिलखुश भी शामिल थे। कमाई बढ़ने पर दिलखुश ने आयांगो की जिम्मेदारी पत्नी तथा अन्य सहयोगियों को सौंप दी और एप आधारित दूसरी कैब कंपनी बनाकर नई राह खोली। दिलखुश अपनी इसे नई कंपनी रोडवेज का संचालन पटना से कर रहे हैं। कंपनी अलग-अलग शहरों में जाने के लिए कैब उपलब्ध कराती है। उनकी ऐप आधारित कंपनी से वर्तमान में 32 हजार से अधिक गाड़ियां जुड़ी है। अगले वर्ष के अंत तक 25000 गाड़ियों को जोड़ने का उनका लक्ष्य है।

कोई काम छोटा या बड़ा नहीं होता - सुनील सिंह की कहानी

सुनील सिंह वर्ष 2002 में मात्र 300 डालर यानी हिसाब से लगभग 10000 रुपये लेकर अमेरिका आए थे। आज वे वहाँ पर पिज्जा किंग के नाम से जाने जाते हैं।

दरअसल साल 1994 में सुनील भारत में इंजीनियरिंग की पढ़ाई कर रहे थे। इस दौरान अमेरिका में रह रहे उनके रिश्तेदारों ने उन्हें ग्रीन कार्ड के लिए स्पान्सर किया। सुनील अमेरिका तो पहुंच गए लेकिन यहाँ वहाँ कोई नौकरी नहीं मिली। उन्हें मुश्किल से रेस्टन के एक रेस्त्रां में कुक (रसोईया) का काम मिला। वर्ष 1999 में सुनील ने 39 साल की उम्र में कंप्यूटर इनफॉरमेशन सिस्टम से मास्टर किया। फिर उन्हें एक सॉफ्टवेयर कंपनी में नौकरी मिली लेकिन मंदी के चलते उन्हें नौकरी से निकाल दिया। फिर सुनील ने खुद का पिज्जा बिजनेस शुरू करने का सोचा लेकिन इसके लिए उनके पास पैसे नहीं थे। लिहाजा उन्होंने पिज्जा डिलेबरी का काम किया। लगभग 3 वर्षों तक यह काम करने के बाद उन्होंने 2 लाख डॉलर कमाए। वर्ष 2002 में सुनील ने

पापा जॉन पिज्जा फ्रेंचायजी खरीदी। अब वे पापा जान की 38 फ्रेंचायजी के मालिक हैं। उनके अंडर में 700 कर्मचारी काम करते हैं। सुनील बताते हैं कि वे भारतीय समुदाय के कार्यक्रमों में मुफ्त में पिज्जा बांटते हैं इसलिए लोग उन्हें प्यार से पिज्जा किंग कहते है।

सुनील सिंह का कहना है कि कोई काम बड़ा या छोटा नहीं होता, आदमी को हर काम के लिए तैयार रहना चाहिए।

सफलता के लिए छोटी-छोटी चीजें ठीक से करना

के डेरेन हार्डी की किताब 'द कंपाउंड इफेक्ट' को सेल्फ डिसिप्लिन पर एक बेहतरीन टेक्टस माना गया है। हार्डी ने अपनी इस किताब में बताया है कि चीजें जुड़ी होती है और सफल होने के लिए आपको बहुत सी छोटी-छोटी चीजें ठीक से करना होती है। इसलिए अगर आप जीवन में कुछ बड़ी चीजें प्राप्त करना चाहते हैं तो कुछ छोटे-छोटे सकारात्मक निर्णय लीजिए। यह निर्णय ही आगे चलकर वह कम्पाउंड इफेक्ट रचेगे जो आपको सफलता दिलाएंगे। जीवन में बड़ी से बड़ी चीजें रोजमर्रा की छोटी बातों से शुरू होती है।

बिना परिश्रम मिली दौलत इंसान को बर्बाद कर देती है - गार्डन रामसे

ब्रिटेन के सेलिब्रिटी शेफ और गॉडन रामसे रेस्टोरेंट्स चेन के मालिक अरबपति गार्डन रामसे का कहना है कि मैं अपनी संपत्ति को अपने बच्चों को देकर खराब नहीं करना चाहता। मैंने उनकी परवरिश ऐसे की है कि वह अपना संसार खुद बना सके। गॉडन के ब्रिटेन, अमेरिका समेत दुनिया भर में 59 रेस्टोरेंट हैं।

गॉडन रामसे की 21 वर्ष की बेटी मौटल्डा अपने खर्चे स्वयं उठाती है। वह कहती है मेरे पिता मेरे आदर्श और सबसे अच्छे दोस्त हैं, लेकिन मैं अपने लिए खुद पैसा कमाऊंगी अपनी मेहनत से संपत्ति बनाऊंगी। दरअसल में मौटल्डा की इस सोच और कड़ी मेहनत की वजह उनकी

परवरिश है। गॉडन और उनकी पत्नी तान ने अपने बच्चों का पालन-पोषण रईसजादों की तरह नहीं किया। उन्होंने कभी अपने बच्चों को अपने साथ हवाई जहाज के बिजनेस क्लास में सफर नहीं कराया। वे कहते हैं कि मुझे लगता है कि बिजनेस क्लास तक पहुंचने के लिए उन्हें खुद मेहनत करके कमाना चाहिए।

मौटिल्डा को घर पर टिली नाम से पुकारा जाता है। टिली और उसके दूसरे भाई बहन बचपन से ही घर के कामों में हाथ बटाते हैं। गॉडन रामसे दंपती ने घर की साफ सफाई से लेकर खाना बनाने, खाने की मेज लगाने और डिनर के बाद टेबल की सफाई जैसे कामों की आदत बच्चों को लगवाई है। गॉडन कहते हैं कि सारे बच्चे सारे काम करते हैं ताकि उन्हें कोई काम छोटा न लगे।

काम के लिए सहायता मांगना हेटी या भीख नहीं

कुछ लोग निर्धनता के शिकार हैं फिर भी किसी से मदद मांगने में अपनी हेटी समझते हैं। ऐसे लोग छाती तानकर यह कहते हुए देखे गए हैं "मरता मर जाऊंगा, किसी के सामने हाथ नहीं फैलाऊंगा। किसी से कुछ नहीं मांगूगा, चाहे जिंदगी भूखे रहकर गुजारना पड़े, अपने जमीर को गिरवी नहीं रखूँगा।" इस प्रकार की सोच पूरी तरह नकारात्मक है। निर्धनता से छुटकारा पाने के लिए चाहें कितनों से ही सहायता लेना पड़े तो पीछे मत हटिए। ईगो को अपने उद्देश्य पर हावी मत होने दीजिए। इस सच्चाई को जान लीजिए कि यह दुनिया ही एक दूसरे की सहायता से चल रही है। जिस दिन हम एक दूसरे की सहायता बंद कर देंगे तो यह सृष्टि ही नहीं चल सकेगी। दुनिया का हर इंसान किसी एक व्यक्ति पर नहीं अनेक व्यक्तियों पर निर्भर है। निर्भरता ही संसार को चला रही है तो फिर निर्धनता से मुक्ति पाने के लिए दूसरों की सहायता लेने में गुरेज क्यों? आप सहायता ही मांग रहे हैं भीख तो नहीं।

भीख मांगने और सहायता मांगने में दिन-रात का फर्क है। इस फर्क को समझिए आपको भीख कोई नहीं देगा। देगा भी तो हिकारत से लेकिन अगर

आप निर्धनता से उबरने की कोई योजना बना चुके हैं और उस योजन के प्रति आपके मन में कोई संशय नहीं है तो फिर सहायता मांगकर देखिए संकोच मत कीजिए सहायता जरूर मिलेगी। इस संदर्भ में नया दौर का यह गाना बहुत ही सटीक है -

साथी हाथ बढ़ाना रे, साथी हाथ बढ़ाना।
एक अकेला थक जावेगा मिलकर बोझ उठाना।।

बाज की कहानी से सीख लें निर्धनता से छुटकारे की

बाज के बच्चे ने अभी-अभी उड़ना सीखा था उत्साह से भरा होने के कारण वह हर किसी को अपनी कलाबाजियां दिखाने में लगा था।

तभी उसने पेड़ के नीचे एक सूअर के बच्चे को भागते देखा, "माँ वह देखो सूअर, कितना स्वादिष्ट होगा ना, मैं अभी उसका शिकार करता हूँ"

"नहीं बेटा", माँ बोली "अभी तुम इसके लिए तैयार नहीं हो, सूअर एक बड़ा शिकार है तुम चूहों से शुरुआत करो।"

बाज आज्ञाकारी था, उसने फौरन माँ की बात मान ली और जल्दी ही उसने बड़ी कुशलता के साथ चूहों का शिकार करना सीख लिया।

अब उसका आत्मविश्वास बहुत बढ़ चुका था, वह अपनी माँ के पास गया और फिर से सूअर का शिकार करने के लिए कहने लगा।

"अभी नहीं बेटा, पहले तुम खरगोश का शिकार करना सीखो" माँ ने समझाया।

कुछ ही दिनों में बाज ने खरगोशो का शिकार करना भी सीख लिया उसे पूरा यकीन था कि अब वह अपने पहले लक्ष्य सूअर को जरूर मार सकता है और इसी की आज्ञा लेने वह माँ के पास पहुंचा।

पर इस बार भी माँ ने उसे मना कर दिया और पहले मेमने का शिकार करने को कहा, बाज जल्दी ही मेमनों का शिकार करने में पारंगत हो गया।

फिर एक दिन वह अपनी माँ के साथ यूंही डाल पर बैठा था कि एक सूअर का बच्चा उधर से गुजरा ... बाज ने अपनी माँ की ओर देखा ... माँ मुस्कुराई

और सूअर पर झपट पड़ने का इशारा किया।

बाज ने फौरन नीचे की ओर उड़ान भरी और उस दिन उसने पहली बार अपना मनपसंद खाना खाया।

दोस्तों, सोचिये अगर माँ ने पहली बार में ही उसे सूअर का शिकार करने को कह दिया होता तो क्या होता?

नन्हा बाज निश्चित तौर पर असफल हो जाता ... और संभव है उसका आत्मविश्वास कमजोर हो जाता है। लेकिन जब उसने पहले छोटे-छोटे शिकार किये तो उसका आत्मविश्वास और उसकी काबिलियत दोनों निखरती गयी, और अंततः वह अपने मनपसंद लक्ष्य को पाने में सफल हुआ।

बाज की ये कहानी हमें अपने बड़े लक्ष्य को छोटे-छोटे आसान हिस्सों में बांटकर उसे पाने की सीख देती है, इसलिए निर्धनता से छुटकारा पाने और धनवान बनने का बड़ा लक्ष्य बनाइये, जरूर बनाइये लेकिन उसे पाने के लिए अपने अंदर धैर्य रखिये, और योजनाबद्ध तरीके से उसे छोटे हिस्सों में बांटकर अंततः अपने उस बड़े लक्ष्य को हासिल करिए।

संत कबीर ने ठीक ही कहा है -

धीरे-धीरे रे मना, धीरे सब कुछ होय।
माली सींचे सौ घड़ा, ऋतु आये फल होय।

स्टेगमान

तीन वर्ष की अल्पायु में ही स्टेगमान पछाघात के शिकार हो गए। फलतः टट्टी, पेशाब जाने और खाना खाने तक के लिए तरसने लगे। कुछ बड़े होने पर पलंग पर पड़े-पड़े अपनी असहाय अवस्था पर विचार करते रहते और सोचते कोई ऐसा उपाय हो कि मेरे पास भरपूर धन एकत्रित हो जाए जिससे जिंदगी की यह गाड़ी सुचारू रूप से चलने लगे। दूसरों के आश्रित आखिर कब तक रहा जा सकता है। मन के यह विचार संकल्पों के रूप में बदलने लगे। प्राथमिक विद्यालय से उन्हें कला विद्यालय में प्रवेश दिला दिया गया। हाथ पैरों से बेकार स्टेगमान ने मुख में कूची दबाकर चित्र बनाना शुरू कर दिया।

उनका तो यह कहना है कि कोई कलाकार हाथ से चित्र नहीं बनाता, वरण हृदय की गहराई से निकली हुई भावना ही कागज पर अपने वास्तविक रूप में साकार होती है। उन्होंने अपने प्रयत्नों द्वारा यह सिद्ध कर दिया कि कोई भी व्यक्ति अपने हाथों के अभाव में कलाकार बनने से वंचित नहीं रह सकता। आवश्यकता है स्वयं में प्रतिभा की और दृढ़ संकल्प की। चित्रकारी के बाद स्टेगमान ने मूर्तिकला का अभ्यास किया और मुख तथा पैर की सहायता से बड़ी सुंदर मूर्तियां बनाना शुरू कर दिया।

इंग्लैण्ड के इस कलाकार ने मुख और पैर से मूर्तियां बनाने वालों का एक संघ स्थापित किया जिसने आज अंतरराष्ट्रीय संस्था का रूप ले लिया है। उस असहाय बालक का बचपन का स्वप्न धन और यश की प्राप्ति आज पूर्ण रूप से साकार हो रही है।

ब्रूनो शिमत्ज-होशवर्ग

16 वर्षीय ब्रुनो रेलवे में शंटिंग कर रहा था। अचानक ही डिब्बे का एक पहिया निकलकर उसके ऊपर चढ़ गया और वह डिब्बे से पटरी पर आ गिरा। जब तक बचाने की कोशिश की जाती तब तक उसके ऊपर से गाड़ी के चार डिब्बे निकल गए और वह दोनों हाथों से बेकार हो गया। दोनों टांगे उसकी सुरक्षित थी, अतः अस्पताल से लौटने के बाद वह घबराया नहीं। उसने नृत्य करना और चित्र बनाना सीख लिया। बड़े-बड़े कला केंद्र पर मुख और पैर की सहायता से उसे चित्र बनाते दर्शक देखते तो दंग रह जाते। गायन और पशुओं की बोली की नकल करने का भी उसने अभ्यास कर लिया और अंत में वह पैरों से निशानेबाजी भी करने लगा। उसने अपना उदाहरण प्रस्तुत कर लोगों को स्पष्ट रूप से बता दिया कि अभ्यास के द्वारा प्रत्येक व्यक्ति अपने उद्देश्य की पूर्ति कर सकता है, जैसा कि कवि वृन्द ने कहा है -

करत-करत अभ्यास के, जड़मति होत सुजान।
रस्सी आवत-जात के, सिल पर पड़े निशान।।

साहस के प्रतीक रिचर्ड हेक्स्ट

रिचर्ड हेक्स्ट को बचपन में ही पक्षाघात ने पंगु बना दिया था। ऑपरेशन के बाद भी वह इस योग्य नहीं हो पाए की अखबार उठाकर अपने हाथों से पढ़ सके। 10-15 मिनट पैदल चल पाते होंगे कि उनकी शक्ति जवाब दे जाती। इतनी असहाय स्थिति के बाद भी उनमें जीवित रह कर कुछ कार्य करने की इच्छा थी। कठिनाइयों से भागना उन्हें कायरता लगा। अतः साहस के बलबूते पर प्रगति के दरवाजे खुलते चले गए। जब विद्यालय में प्रवेश कराया गया तो वह सदैव अन्य साथियों की अपेक्षा अपना कार्य व्यवस्थित ढंग से करते थे। वह यह मानते थे कि काम चाहे छोटा हो या बड़ा उसे पूरे मनोबल से करना चाहिए। यही कारण था कि वे विद्यालय में अच्छे नंबरों से पास होते रहे।

आज रिचर्ड इंग्लैण्ड के प्रसिद्ध कलाकार है। उनके बनाए हुए कितने ही चित्र रानी एलक्जेण्ड्रा तथा एलिजाबेथ के महलों की शोभा बढ़ा रहे हैं और उनके द्वारा दिए गए प्रशंसा पत्रों ने रिचर्ड के साहस को और बढ़ाया है।

सुप्रसिद्ध लेखक मार्कट्वेन

जिन्होंने अपनी लेखन प्रतिभा द्वारा लाखों रुपए कमाए एक गरीब परिवार में जन्मे थे, जिस घर में उनका परिवार रहता था, वह गायों और घोड़ों के लिए बनाया गया था। मकान मालिक ने कम किराए पर देकर गाय घोड़ों की व्यवस्था अन्यत्र कर दी थी। मार्कट्वेन की स्कूली शिक्षा के वक्त 12 वर्ष की आयु तक ही प्राप्त करने का सौभाग्य मिला, लेकिन जब वे साहित्य के क्षेत्र में चमके तो उनकी प्रतिभा को सम्मानित करने के लिए कई विश्वविद्यालयों ने उन्हें डॉक्टर की उपाधि दी।

माइकल एंजिलो

चित्रकला द्वारा संसार भर में प्रसिद्धि अर्जित करने वाला फ्लोरेंस के एक गरीब परिवार का सदस्य था। चित्रकला द्वारा उसने लाखों रुपए कमाए और

ख्याति भी पाई। एंजिलो के व्यक्तित्व की यह भी एक विशेषता थी कि वह काफी धन कमाने पर भी गरीबों जैसा जीवन जीता था, और अपनी आमदनी का अधिकांश हिस्सा लोगों पर खर्च करता था।

दार्शनिक कन्फ्यूशियस

प्रसिद्ध विचारक और दार्शनिक कन्फ्यूशियस को जन्म के 3 वर्ष बाद ही पितृ स्नेह से वंचित हो जाना पड़ा। वह अपने पिता को ठीक से पहचान भी नहीं पाया था, कि वह अनाथ हो गया और छोटी उम्र में ही उसे जीविकोपार्जन के लिए कठोर कर्म में लग जाना पड़ा, लेकिन बड़ा बनने की इच्छा उसमें आरंभ से ही थी। यद्यपि 19 वर्ष की आयु में ही उसका विवाह हो गया तथा तीन संताने भी हो गई। तब उसे निर्धनता और तंगहाली में रहना पड़ा। लेकिन पुरुषार्थ और पराक्रम ने अपना चमत्कार दिखाया तथा निर्धनता से मुक्त हो धनवान बनने और अपने लक्ष्य को प्राप्त करते सफल हुआ।

हेनरी फोर्ड

अमेरिका में एक गरीब किसान के बेटे हेनरी फोर्ड ने अपना जीवन साइकिल में पंक्चर लगाने से शुरू करके एक विशाल कार फैक्ट्री की स्थापना की और वह विश्व में सर्वाधिक धनाढ्य व्यक्ति बन गए। धनार्जन में सकारात्मक सोच और श्रम की विशेष दरकार होती है ना की भाग्य की।

मत सोचो लोग क्या कहेंगे?

अनेक व्यक्ति छोटा समझा जाने वाला काम करने में डरते हैं अथवा झिझकते जरूर हैं। कुछ लोग तो संकोचवश करते ही नहीं है। जिस काम को वह ठीक समझते हैं उन्हें भी वे नहीं करते क्योंकि उन्हें हमेशा यह भय बना रहता है कि लोग क्या सोचेंगे, क्या कहेंगे, कहीं मजाक तो नहीं बनाएंगे? आप लोगों की सोचने की चिंता मत कीजिए। लोग तो कहेंगे ही आप करें या न करें। आप सीख लीजिए उन कुछ लोगों के उदाहरण से जो पुस्तक के पांचवे अध्याय में दिए गए हैं। याद रखिए आपके काम के बारे में लोग कभी भी कुछ

कहे या टीका टिप्पणी करें तो घबराना नहीं। बस यह बात याद रखें कि हर खेल में दर्शक ही शोर मचाते हैं खिलाड़ी नहीं।

लोग निंदनीय से वंदनीय हो जाते हैं

जिन व्यक्तियों ने अविश्वसनीय कार्य कर बड़ी सफलता पाई सफलता पाने के पूर्व दूसरे लोगों ने उनकी जमकर हंसी उड़ाई, निंदा कि, यहाँ तक कि पागल, बेवकूफ, उल्लू तक कहा। उनमें से कुछ उदाहरण हैं -

- थामस एडिसन ने जब बिजली का बल्ब बनाने की योजना लोगों को बताई, तब लोगों ने उसे पागल कहा था।
- अलेक्जेंडर ग्राहम बेल ने जब टेलीफोन बनाने की बात सुनायी, तो लोगों ने उसे बेवकूफ कहा था।
- राइट ब्रदर्स ने हवाई जहाज बनाने की योजना बनाई, तब लोगों ने उन्हें पागल कहा था।
- वॉल्ट डिजनी ने थीम पार्क के निर्माण के लिए जब आर्थिक सहायता मांगी थी, तब उसे ऋण देने के लिए कोई तैयार नहीं हुआ, क्योंकि लोग समझते थे कि डिजनी पागल हो गया है।
- कोलम्बस ने जब घोषणा की कि दुनिया गोल है, तब लोगों ने उसे उल्लू कहा था।

इस सदी के महानायक अमिताभ बच्चन जो अपनी प्रभावी और शानदार आवाज से भी जाने जाते हैं। करियर के शुरूआत में आल इंडिया रेडियो ने आवाज पतली होने का कहकर उन्हें अनाउंसर की नौकरी देने से इंकार कर दिया था।

निंदा से घबराकर आप अपने 'लक्ष्य' को न छोड़े, क्योंकि 'लक्ष्य' मिलते ही निंदा करने वालों की 'राय' बदल जाती है और आप निंदनीय से वंदनीय हो जाते हैं।

❍

6.

नशा मुक्ति बिना नहीं, निर्धनता से उद्धार

समाज में हर वर्ग, जाति, आयु एवं लिंग के लोगों में नशीले पदार्थों का प्रचलन दिन-ब-दिन बढ़ता ही जा रहा है। नशा एक ऐसा चक्रव्यूह है, जिसमें फसकर अनेक लोग जीवन पर्यंत निर्धनता में फंसे रहते हैं, और अनेक लोग असमय मौत के मुंह में समा जाते हैं।

–पंडित श्रीराम शर्मा आचार्य

नशा नाश की जड़ है यह शरीर और मन को खोखला और जीवन को खाली कर देता है। नशे की आदत पड़ने पर मनुष्य कुचक्र में फंस जाता है और निकल ही नहीं पाता। समझाने के बाद व्यक्ति छोड़ तो देता है पर शीघ्र ही पुनः इसकी गिरफ्त में आ जाता है।

किसी ने क्या खूब कहा है -

हर बार सोचता हूँ छोड़ दूंगा मैं पीना अब से,
मगर तेरी याद आती है और हम मयखाने चल पड़ते हैं।

नशीले पदार्थों के सेवन से व्यक्ति को यूफोरिया हो जाता है। रक्त में जैसे ही नशे की खुराक पहुंचती है, वह दिवास्वप्न में खो जाता है। रंगीन कल्पना लोक में विचरण करने लगता है। यथार्थ से कट जाने के कारण उसको सही गलत फैसले करने का ज्ञान शेष नहीं रह जाता है। धीरे-धीरे शारीरिक एवं मानसिक क्षमता क्षीण होने लगती है। नशे का असर एक अवधि के बाद कम होने लगता है। कुछ नशे इस तरह का असर डालते हैं कि मरीज का शरीर एक निश्चित समय पर मांग करने लगता है। उदाहरण तौर पर शराब का नशा हर

शाम मरीज को तड़पाने लगता है, अफीम अथवा अफीम से बने दूसरे पदार्थ हेरोइन, एल.एस.डी. स्मैक ब्राउन शुगर आदि का असर जैसे ही खत्म होता है शरीर उसकी पूर्ति की मांग करने लगता है। एक स्थिति आ जाती है कि मरीज को 24 घंटे नशे में रहने की आदत हो जाती है।

कल्पना लोक में विचरण

आजकल तो ऐसे नशे ईजाद कर लिए गए हैं जिसकी एक खुराक लेते ही आदमी किसी दूसरे ही लोक में पहुंच जाता है। एल.एस.डी. कैनेविस, मारिजुआना, मैंड्रक्स आदि इसी प्रकार के नशे हैं। इन नशो को साथ लेकर पश्चिम की भटकी हुई युवा पीढ़ी हमारे देश के युवाओं को भी मादक द्रव्यों के इस संसार का वासी बनने के लिए उकसाती जा रही है। ये मादक द्रव्य इतने उत्तेजक होते हैं कि सेवन करने वाले को तत्काल ही अपने आसपास की दुनिया से काट देते हैं और उसे विक्षिप्त सा कर देते हैं। पिछले दिनों समाचार पत्रों में मादक द्रव्यों के कारण घटी दुर्घटना अथवा उनसे प्रभावित होकर अस्वाभाविक व्यवहार करने वाले व्यक्तियों के जो विवरण प्रकाशित हुए हैं, वे बड़े रोचक भी हैं तथा दुःखद भी। रोचक इसलिए कि इनका सेवन करने के बाद व्यक्ति किस तरह की अव्यावहारिक कल्पनाएं करने लगता है और दुःखद इसलिए कि उन कल्पनाओं में व्यक्ति किस कदर रम जाता है कि वह अपना घात करने से भी नहीं चूकता।

कैलीफोर्निया के एक एल.एस.डी. प्रेमी को नशे की झोंक में यह सनक सवार हो गई कि वह पक्षियों की तरह हवा में उड़ सकता है। इसी सनक को पूरा कर दिखाने के लिए वह एक इमारत की दसवीं मंजिल पर चढ़ा और वहाँ से कूद पड़ा, उसने उड़ने के लिए बहुत हाथ पैर फड़फड़ाए परंतु जो होना था हुआ। वहाँ के हॉस्टल में रह रहे दूसरे विद्यार्थी की यह समझ में आ गया कि वह अपने आकार से दुगुना हो गया है और उसके पैर छह फुट लंबे हो गए हैं। छह फुट लंबे पैर से उसने पास की एक मंजिल पर कूदने के लिए उसी अंदाज में छलांग लगायी और वह आठ मंजिल नीचे जमीन पर गिर पड़ा।

पिछले दिनों एक खबर ने हैरान कर दिया, न्यूयॉर्क से दिल्ली आने वाली एयर इंडिया हवाई जहाज में एक कंपनी में ऊंचे पद पर नियुक्त युवक ने शराब के नशे में एक महिला पर पेशाब कर दिया। सुनकर घिन आती है। यह बात लोगों को कब समझ में आएगी कि नशा हमारी शरीर को कमजोर करके हमारे गंदे पहलु को उजागर करता है। शराब धैर्य और विवेक को पी जाती है। मनुष्य जब नशे में होता है तो उसके भीतर जानवर की जागने की आशंका ज्यादा होती है।

कर्नाटक में यात्री ने बस में महिला सीट पर पेशाब किया

बेंगलुरु कर्नाटक में राज्य परिवहन निगम की बस में एअर इंडिया जैसा पेशाब कांड हुआ। नशे में धुत एक यात्री ने महिला यात्री की सीट पर पेशाब कर दिया। यह घटना हुबली सिटी के पास किरेसूर की है। विजयपुरा से मंगलुरू जा रही बस को किरेसुर में डिनर करने के लिए रोका गया था। सभी यात्री उतर गए थे, तभी यात्री ने महिला की सीट पर पेशाब किया। राज्य परिवहन निगम 32 वर्षीय आरोपी के खिलाफ शिकायत दर्ज कराने पर विचार कर रहा था। आरोपी मेकेनिकल इंजीनियर है। बस में पेशाब करने के बाद आरोपी ने माफी मांगी। उधर, महिला यात्री ने शिकायत दर्ज कराने से इंकार कर दिया।

मादक पदार्थों का सेवन क्यों?

दुःख, परेशानियां, समस्याएं आदि आने पर मनस्वी तथा विचारशील व्यक्ति उसी प्रकार हंसी खुशी से सह लेता है जिस प्रकार हम सुख सुविधाओं का उपयोग करते हैं। परंतु कमजोर और दुर्बल मन स्थिति के लोग दुःखों तथा कष्टों से इस प्रकार घबरा जाते हैं जैसे उनके सामने आग के कुंड में कूद पड़ने की स्थिति आ गई हो। उचित तो यह है की समस्याएं सुलझाने के लिए धैर्य और सूझबूझ से काम लिया जाए। परंतु लोग प्रायः उससे आगे की बात सोचते हैं। इसी का नाम जीवन से पलायन है। जीवन से पलायन का नाम जीवन छोड़ देना नहीं। परंतु अधिकांश व्यक्ति जीवन पलायन करने के लिए कुछ ऐसे उपाय अपनाते हैं जैसे शुतुरमुर्ग आसान्न संकट को देखकर अपना

सिर रेत में छुपा लेता है। इस प्रकार की पलायन वादी प्रवृत्ति में मुख्य मादक पदार्थ के शरण में जाना जैसे शराब, गांजा, चरस, अफीम अथवा अफीम से बनी दूसरे नशे की चीजों का सेवन जीवन से पलायन करने की इसी प्रवृत्ति का परिचायक है। लोग इनकी शरण में या तो जीवन की समस्याओं से घबराकर जाते हैं अथवा अपने सभी साथियों को देख इन्हें अपनाकर पहले से अपना मनोबल चौपट कर लेते हैं।

आजकल मादक पदार्थों का प्रचलन फैशन के रूप में भी बहुत बढ़ता जा रहा है। कोई समस्या या परेशानी न होते हुए भी लोग पार्टी, क्लब अथवा अन्य स्थानों पर यार-दोस्तों के साथ बैठकर इन पदार्थों के माध्यमों से अपने स्वास्थ्य तथा मानसिक शक्ति नष्ट करते रहते हैं।

किसी शायर ने क्या खूब कहा है -

ये ना पूछ मैं शराबी क्यूं हुआ, बस यूं समझ ले,
गमों के बोझ से नशे की बोतल सस्ती लगी।

लोग झंझटों परेशानियों से मुक्त होने के लिए नशे का सहारा लेते हैं और उसके सहारे चलते-चलते पागलपन की स्थिति में आकर भटक जाते हैं। अतः किसी भी स्थिति में मानसिक शांति प्राप्त करने के लिए, चिंताओं और समस्या जन्य परेशानियों से छुटकारा पाने के लिए किसी भी प्रकार के नशे का सेवन करना ही नहीं चाहिए। समस्याओं से सीधा सामना और अपने बुद्धि विवेक से उनका समाधान खोजना ही जीवन जीने का सही मार्ग है।

शराब के पक्ष में थोथी और निरर्थक दलीलें

शराब सेवन करने वालों का यह तर्क है कि भोजन के साथ थोड़ी सी शराब लेने से पाचन क्रिया भली-भांति हो जाती हैं, स्थूल दृष्टि से अवश्य ऐसा प्रतीत होता है कि भोजन खूब पचता है। खुलकर झूठी भूख लगने लगी है। इसका कारण है कि शराब में एल्कोहल होता है जो कि भोजन गला देता है। किंतु उसकी प्रतिक्रिया आंतों पर भी होती है। भीतर ही भीतर आंते भी

गलती रहती हैं और शरीर की पाचन प्रणाली की दशा इतनी बिगड़ जाती है कि शराबी आदमी अनेक उदर संबंधी रोगों से ग्रसित होकर काल कवलित हो जाता है।

कुछ लोगों की यह गलत धारणा है कि शराब से शक्ति प्राप्त होती है शराब उत्तेजक मात्र हैं। पीने के कुछ समय तक हमारी पूर्व संचित शक्ति एकत्रित होकर उद्दीप्त मात्र होती है, नई शक्ति नहीं आती। यह शक्ति उत्पन्न करने के स्थान पर नशे के बाद मनुष्य निर्बल, निस्तेज और निकम्मा बन जाता है।

भारत में शराब खोरी

एक अनुमान है कि वर्तमान समय में देश में हर वर्ष 5 अरब लीटर शराब की खपत हो रही है जो बढ़कर 2024 के अंत तक 6.21 अरब लीटर होने की संभावना है। स्वैच्छिक संगठन कन्जुमर वायस के अनुसार भारत में प्रति व्यक्ति मदिरा (42% से ज्यादा अल्कोहल) की खपत 13.5 लीटर है, जो दुनिया में सबसे ज्यादा है एक रिपोर्ट के अनुसार देश में 26 करोड लोग शराब का सेवन करते हैं जिसमें 90% पुरुष है जिनकी आयु 18-65 वर्ष के बीच की है।

शराब के कारण भारत में हर वर्ष ढाई लाख लोगों की मौत होती है। इसके अलावा जहरीली शराब पीने से मरने वालों की संख्या भी काफी है। वर्ष 2021 में जहरीली शराब पीने से 782 लोगों की मौत हुई थी।

कैसे छोड़ू दारू (शराब) ने मेरी रग-रग पकड़ रखी है

कठियावाड़ में रविशंकर महाराज ने ठाकुरों से दारू ताड़ी (शराब) नहीं पीने की प्रतिज्ञा कराई तो एक ठाकुर ने कहा "महाराज मैंने दारू छोड़ने की प्रतिज्ञा तो की है मगर दारू ने मेरी रग-रग पकड़ रखी है।"

महाराज ने कहा "मुझे अभी काम है कल आ जाना बाहर से बात होगी।

दूसरे दिन ठाकुर ने बाहर से आवाज लगाई तो महाराज ने कहाँ "मैं कैसे आऊं खम्बे ने मुझे पकड़ रखा है।"

ठाकुर अंदर गए तो देखा, महाराज के दोनों हाथ खम्बे से सटे (लिपटे) है। ठाकुर बोले हाथ वहाँ से हटाइये न।"

"वह छोड़े तब तो" उत्तर मिला।

कुछ देर बाद महाराज ने खम्बे को छोड़ दिया और पूछा - "ठाकुर खम्बे ने मुझे पकड़ा था या मैंने उसे?"

"आपने खम्बे को पकड़ा था, खंबा भला आपको क्या पकड़ेगा।"

"फिर दारू को तुम नहीं छोड़ते की दारू तुम्हें नहीं छोड़ती?"

ठाकुर ने उसी समय दारू छोड़ने का संकल्प लिया।

अमेरिका में युवा पीढ़ी शराब से बना रही है दूरी

शराब जिस देश की संस्कृति का हिस्सा रही है, वहाँ की युवा पीढ़ी शराब से दूरी बना रही है। 'मॉनिटरिंग द फ्यूचर रिपोर्ट' के अनुसार यह पहली बार है जब अमेरिका में 60% किशोरों ने अब तक शराब को हाथ नहीं लगाया है। आमतौर पर किशोरों को दोस्तों के समूह से शराब की लत लगती है, लेकिन अमेरिकी किशोर अब दोस्तों के साथ भी जश्न के माहौल में सॉफ्ट ड्रिंक पी रहे हैं। फिर चाहें वे एक साथ बाहर घूमने जाएं, पार्टी दे रहे हो या फिर क्रिसमस या नए साल का जश्न मना रहे हों।

दरअसल अमेरिका में 'सोबर मंथ' और 'सोबर ईयर' का ट्रेंड चल पड़ा है। सोबर अक्टूबर और ड्राई जनवरी अब अमेरिका में आम शब्द हो गए हैं, लोग शराब छोड़ने की कोशिश कर रहे हैं महीने या साल भर तक शराब न पीने की कसम खा रहे हैं। अमेरिका में हर एक लाख में से 13 मौतें शराब की वजह से होती है। कोरोना महामारी के पहले साल में ही शराब की वजह से अमेरिका में मौत के मामले 30% बढ़ गए, महामारी के बाद अमेरिका में स्वास्थ्य को लेकर जागरूकता बढ़ी है।

डिस्टिल्ड स्टेट्स ऑफ द यूनाइटेड स्टेट्स फाउंडेशन फॉर एडवाइजिंग अल्कोहल रिस्पांसिबिलिटी के प्रेसिडेंट और सीईओ क्रिस स्वॉनार कहते हैं कि अमेरिका में बढ़ते अपराध और हादसों की एक वजह शराब है। युवाओं

को शराब से दूर रखना समाज की जिम्मेदारी है। शराब की लत के कारण कई लोग तंगहाली से जीवन जीते हैं।

नकारात्मक प्रेरणा सकारात्मक प्रेरणा

मैं, एक ऐसे परिवार का उदाहरण आपके सामने रखता हूँ जिसमें दो भाई थे। इनमें से एक भाई नशेबाज और शराबी था जो हर दम नशे में धुत रहता था, अपनी पत्नी और बच्चों को मारता-पीटता, जो कमाता सारा नशे में उड़ा देता था। इस कारण हमेशा निर्धन बना रहता था। उसी का दूसरा भाई एक कामयाब बिजनेसमैन था। समाज में उसकी प्रतिष्ठा थी। उसका परिवार भी बेहद सुखी और खुश था। लोग जानना चाहते थे कि एक ही मां-बाप की संतान होने और एक माहौल में पलने के बावजूद दोनों भाइयों के स्वभाव में इतना अंतर क्यों है?

पहले भाई से लोगों ने यह बात पूछी तुम ऐसे काम क्यों करते हो? नशे के आदी हो, और शराब पीते हो परिवार वालों से मारपीट करते हो हमेशा तंगहाली में रहते हो, यह प्रेरणा तुम्हें कहाँ से मिली है? उसने उत्तर दिया मेरे बाप से जब उससे पूछा गया कि तुम्हारे बाप से कैसे? तो उसने जवाब दिया मेरा बाप नशेबाज, शराबी और परिवार वालों से मारपीट करता था, जो भी कमाता था, उसमें अधिकांश हिस्सा नशे बाजी में उड़ा देता था। ऐसे हालात में आप मुझसे क्या उम्मीद करते हैं यही तो मैं हूँ।

लोग जब दूसरे भाई के पास गए। उससे भी वही सवाल पूछा और पूछा कि तुम हर काम सही कैसे करते हो? सफल बिजनेसमैन कैसे बन गए? तुम्हें यह प्रेरणा कहाँ से मिली जरा सोचिए उसने क्या उत्तर दिया मेरे बाप से। जब मैं छोटा था और अपने बाप को शराब पीकर हर गलत काम करते, मारते पीटते और फिजूल खर्च करते देखता था, तभी मैंने प्रतिज्ञा कर ली कि मैं ऐसा काम नहीं करूंगा। दोनों ही अपनी शक्ति और प्रेरणा एक ही जगह से पा रहे हैं, लेकिन एक ने गलत रूप से अपनाया तो दूसरे ने सही रूप से। सकारात्मक प्रेरणा हमें सही रास्ता अपनाने के लिए प्रेरित करती है।

नकारात्मक प्रेरणा हमें आसान रास्ता अपनाने के लिए प्रेरित करती है, जो कि आखिर में मुश्किल रास्ता बन जाता है।

उपयुक्त उदाहरण के संदर्भ में यह कथन बहुत ही सारगर्भित हैं

किसी ने संत लुकमान से पूछा - "तुमने तमीज किससे सीखी?"

उन्होंने जवाब दिया - "बदतमीजों से। क्योंकि मैंने उन लोगों में जो कुछ भी बुराइयां देखी, उनसे परहेज किया।"

निर्धनता मुक्ति के लिए जरूरी है नशे का कुचक्र तोड़ना

नशे के कुचक्र को तोड़ने के लिए जरूरी है कि नशे की तलब के समय मरीज को इससे दूर रखा जाए। जैसे ही नशे का चक्र टूटना शुरू होता है मरीज का बदन टूटने सिर दुःखने और हाथ पैरों में कँप-कँपाहट से लेकर कई लक्षणों का सामना करना पड़ता है। इन्हें विड्रॉल सिंड्रोम कहा जाता है।

यही समय होता है जब मरीज सशक्त आत्मबल के साथ चिकित्सक एवं परिजनों के सहयोग की आवश्यकता होती है। शराब सहित किसी भी ड्रग्स का नशा विशेष तरह के नशामुक्ति केंद्रों पर छुड़वाया जा सकता है। यहाँ मरीज को विड्राल सिंड्रोम से निपटने के लिए चिकित्सा प्रदान की जाती है। इलाज अवधि पूरी होने के बाद मरीज नशा मुक्त हो जाता है, लेकिन फिर उसी चक्र में न फंस जाए इसके लिए उस पर नजर रखने की आवश्यकता होती है।

किसी ने ठीक कहा है -

नशा शराब का हो या ड्रग का
खा जाता है दीमक की तरह - पैसा, दिमाग और देह को।

❍

7.

अपव्ययी नहीं मितव्ययी बनें

कंजूस नहीं मितव्ययी बनिए क्योंकि मितव्ययिता दूरदर्शिता की पुत्री संचय की बहन और स्वतंत्रता की माता है। यह हमारे चरित्र, सुख और आनंद की रक्षा करती है।

- रॉबिन शर्मा

अनेक व्यक्ति कमाते तो ठीक-ठाक हैं। पर खर्च करने के मामले में वे बड़े अदूरदर्शी होते हैं। जो आता है वही अस्त व्यस्त तरीके से फूंक देते हैं और आए दिन अभावग्रस्त और निर्धन बने रहते हैं वह पैसे का मूल्य नहीं समझते उसे खिलवाड़ जैसी कोई चीज समझते हैं सोचते हैं कि लोग हमें जितना ज्यादा खर्च करते देखेंगे, उतना ही अमीर या बड़ा आदमी मानेंगे, और उतना ही सम्मान करेंगे। इस दृष्टि से ऐसे व्यक्ति बहुत अधिक अपव्यय फिजूलखर्ची करते हैं। कई लोगों ने तो इतने दुर्व्यसन पाल रखे होते हैं की कमाई का बहुत बड़ा हिस्सा उसी में खर्च हो जाता है और वे निर्धन ही बने रहते हैं।

जबकि कई लोग ऐसे होते हैं जो जरा-सा धन आते ही फूलकर कुप्पा हो जाते हैं। चार पैसे आते ही पैर जमीन पर नहीं पड़ते, पैसा आया नहीं कि उसे खर्च करने की योजनाएँ बनाना शुरू कर देते हैं। ऐसे व्यक्तियों को फिजूलखर्ची कहा जाता है, क्योंकि वह पैसे की कद्र नहीं करते। पैसे को टिकाकर नहीं रख पाते। पैसा चुभता है, और वह उसे जल्दी से जल्दी ऐसे चीजों पर खर्च कर डालते हैं जिनकी उन्हें आवश्यकता ही नहीं है। ऐसे व्यक्ति अभावों में ही अपनी जिन्दगी गुजार देते हैं।

अपव्यय सबसे बड़ी मूर्खता है अपनी हैसियत, औकात, आमदनी और आवश्यकता को ध्यान रखें बिना अनावश्यक खर्च किया जाता है वह व्यक्ति और परिवार के विकास में सबसे बड़ा अवरोधक सिद्ध होता है। इन दिनों उचित और आवश्यक कार्य ही इतने बढ़े-चढ़े हैं कि उनकी पूर्ति कठिन हो जाती है। स्वास्थ्य, शिक्षा, चिकित्सा आदि में बहुत पैसा लगता है। अन्न, वस्त्र, मकान की जरूरतें भी बहुत सारा पैसा मांगती है। विवाह-शादी, रीति-रिवाज, पर्व-त्योहार आदि पर भी पैसा खर्च करना ही पड़ेगा। यदि फिजूलखर्ची को आदत पड़ गई और पैसे को कागज का टुकड़ा समझकर ज्यों त्यो उड़ा दिया जाता है तो समय पर धनाभाव के कारण अनिवार्य आवश्यकताओं की पूर्ति के लिए भी हाथ खाली ही रहेगा।

हम ऐसे कई व्यक्तियों को जानते हैं जिन्होंने अपनी पुरानी संचित पूंजी अथवा धन को फिजूलखर्ची में उड़ा दिया और फिर सिर धुन-धुन कर पछताते रहे। इन फिजूल खर्ची और चटोरी आदतों वाले व्यक्तियों को जब अपनी इच्छाएं पूरी करने के लिए अपने पास पैसा नहीं दिखाई देता तो वह ऐसे आपराधिक कार्य करने के लिए उद्यत हो जाते हैं जिससे उनके लोक और परलोक दोनों बिगड़ जाते हैं।

किसी ने ठीक ही कहा है -

आमद कम खर्च ज्यादा, ये गुण हैं मिट जाने के।
ताकत कम गुस्सा ज्यादा, यह गुण है पिट जाने के।।

घर फूँक तमाशा देख

आधुनिक हिंदी साहित्य के पितामह कहलाने वाले भारतेंदु बाबू हरिश्चंद्र कवि लेखक और नाटककार थे, उसके कारण उन्हें सार्वजनिक प्रतिष्ठा और सम्मान भी मिला, धन भी बहुत कमाया किंतु अपव्यय के एक दुर्गुण ने ही उनके जीवन को दुर्दशाग्रस्त बना दिया। घर आए धन की होली फूकने, अंधाधुंध खर्च करने से तो बड़े-बड़े धनवान भी कंगाल हो जाते हैं। भारतेंदु बाबू उक्त कथन के प्रत्यक्ष उदाहरण हैं।

पैतृक संपत्ति के रूप में तो उन्हें धन की कमी पहले से ही नहीं थी। अपने साहित्यिक उपार्जन से भी उन्होंने अपना कोष बढ़ाया। वह सब धन किसी बैंक या पोस्ट ऑफिस में जमा कर देते तो उसके ब्याज में सारा जीवन हंसी-खुशी और मस्ती में बिता लेते, पर अपव्यय की बुरी लत ने उन्हें ऐसा पछाड़ा कि मरते समय उनके पास कानी कौड़ी भी शेष न रही।

भारतेंदु बाबू बहुत कीमती कपड़े पहनते, खाना इतना मसालेदार और स्वादिष्ट बनता की कोई राजा महाराजा ही वैसा खाता होगा? प्रतिदिन दिन में कई बार अंगराग और कीमती सुगंधित तेलों की मालिश कराते। भोजन, वस्त्र फुलेल की इतनी मात्रा खरीदी जाती कि स्वयं के साथ प्रतिदिन कई चाटुकार और झूठे प्रशंसक भी उनका उतना ही आनंद लूटते।

दीपक में फुलेल जलता, रोशनदानों के पर्दे रोज बदले जाते। जूते तो धनी आदमी भी 5-6 महीने पहन लेते हैं, पर भारतेंदु बाबू के लिए इतने दिनों के लिए 4 से 5 जोड़ी जूते चप्पल भी कम रहते। आखिर धन की आय की भी मर्यादा है। उस सीमा के बाहर पाँव रखने से तो आर्थिक दुर्गति होती है।

जाड़े की रात्रि थी। कुछ लोग बाहर से मिलने आए थे। झूठे दंभ के लिए अपने को बहुत बड़ा चढ़ाकर व्यक्त करने वालों के पीछे उचक्कों की कमी नहीं रहती। वे प्रायः झूठी प्रशंसा करके अपना उल्लू सीधा करते हैं। वह सज्जन उसी में अपना गौरव मानते हैं। ऐसे समय थोड़ा भविष्य पर भी विचार कर लिया करें तो संभवतः लोग परेशानियों से पहले ही बच ले। भारतेंदु पढ़े लिखे थे, पर दूरदर्शी नहीं। उन लोगों ने आते ही उनकी उदारता की झूठी प्रशंसा प्रारंभ कर दी। इधर हाथ सेंकने के लिए अंगीठी की आवश्यकता पड़ी। अंगीठी इधर-उधर दिखाई न दी तो उसे और बढ़कर ढूंढना अपना अपमान जान पड़ा। शेखी में आकर जेब से नोट निकालकर उन्हीं में आग लगा दी और अपने हाथ सेंके। हम नहीं समझते दर्शकों पर इसका क्या प्रभाव पड़ा होगा? भीतर ही भीतर ऐसी मूर्खता पर वे हँसे ही होंगे।

इस तरह की संगति और जीवन क्रम के कारण उनमें चरित्र दोष भी आ गए। हितेषियों ने समझाया "भैया हाथ रोककर खर्च किया करो, लुटाया नहीं जाता, न जाने आगे कैसी स्थिति आ जाए? पर भारतेंदु जी की बुद्धि ने सही काम न किया।"

अपव्यय के दुर्गुणों ने उन्हें शारीरिक और मानसिक दोनों दृष्टि से विक्षिप्त कर दिया। वे तीस पैंतीस वर्ष की आयु में ही अलविदा हो गए। जीवन के अंतिम दिनों में उन्हें पैसे-पैसे के लिए दूसरे साथियों के आगे हाथ फैलाना पड़ा।

मृत्यु के क्षणों में भारतेंदु बाबू ने कहा "किसी के पास धन और साधन कितने ही बड़े क्यों न हो उनका खर्च और उपयोग बहुत हाथ साधकर सावधानी के साथ भविष्य की चिंता रखकर ही करना चाहिए।" यह बात पहले समझ में आई होती तो यह दुर्दशा न होती।

किसी वस्तु का मूल्य और महत्व तब समझ में आता है जब वह हाथ से निकल जाती है। धन की स्थिति में धनवान को उसके महत्व का ध्यान नहीं आता। उसे वह अपने लिए बड़ा ही साधारण और सामान्य वस्तु समझता है। किंतु जब वह उससे हाथ धो बैठता है, तब उसके महत्व को बार-बार याद करके रोता, कलपता और पछताता है।

किसी ने ठीक ही कहा है -

जब तक जेब भारी है उनकी दुआ सलाम जारी है।
जब जेब कतर जाएगी, रिश्ते-नातों की डोर कट जाएगी।

अमीर भी मितव्ययी

अमीर चूंकि धन संपन्न होते हैं, उनकी आय के स्त्रोत भी प्रचुर होते हैं, इसलिए जन सामान्य की ऐसी धारणा है कि इन लोगों को मितव्ययिता से क्या लेना देना यह तो मनमाने ढंग से खर्च करते हैं, जिसे फिज़ूल खर्च कहा जा सकता है। लेकिन ऐसी धारणा एक भ्रम है वास्तविकता इससे कुछ अलग ही है। कुछ अपवाद छोड़कर यदि हम दुनिया भर के अमीर लोगों के

जीवन-यापन के तौर-तरीके देखें तो स्पष्ट होता है, कि मितव्ययी रहे हैं या हैं। फिजूल खर्ची उन्हें जरा भी पसंद नहीं है।

संपन्नता कभी फिजूल खर्ची में नहीं दिखा करती। अमीरी दिखावे की मोहताज नहीं है। दुनिया अमीरों को उनकी फिजूल खर्ची से नहीं जाना करती, बल्कि किफायत या मितव्ययिता के गुणों से पहचानती है। दुनिया यह नहीं देखती कि उसने स्वयं पर कितना खर्च किया है, वह तो यह देखती है कि उसने अपनी अमीरी से कितने लोगों का भला किया है। इस बारे में कुछेक अमीरों के उदाहरण प्रस्तुत हैं जिन से स्पष्ट होता है कि अमीर भी मितव्ययी होते हैं फिजूल खर्च नहीं।

मिकी जगतियानी

भारतीय मूल के लैंड मार्क ग्रुप के सर्वेसर्वा कहे जाने वाले मिकी जगतियानी खाड़ी में रिटोल किंग कहे जाते हैं। उनके पास 23 बड़े ब्रांड और 15 देशों में 900 स्टोर हैं। जिनमें 31 हजार लोग काम करते हैं और वे लगभग 117 अरब की संपत्ति के स्वामी हैं। मिकी कहते हैं कि वह गांधी जी की तरह जीवन जीना पसंद करते हैं वह जमीन पर सोते हैं, वह सिर्फ एक कार चलाते हैं, हालांकि वे चाहे तो पोर्ट और जेट खरीद सकते हैं। उन्होंने निम्न जातियों के स्कूलों में पढ़ने वाले एक लाख से अधिक बच्चों की शिक्षा के लिए फंड बनाया है।

कालोंस स्लिम

मेक्सिको के कालोंस स्लिम की गिनती दुनिया के सबसे अमीर में की जाती है। मेक्सिको के स्टॉक एक्सचेंज में 30 से 40% हिस्से को संचालित करने वाले स्लिम आज तक अपनी पुरानी घड़ी पहनते हैं। कोई कहता है कि आप नंबर वन अमीर हो गए तो घड़ी भी बदल लो, लेकिन वह कहते हैं कि क्या जरूरत है, यह सही समय दे रही है। मुझे इससे कोई परेशानी नहीं है। इतनी अच्छी घड़ी छोड़कर क्यों दूसरी घड़ी में फिजूल खर्च करूं। स्लिम पिछले 42 वर्षों से एक ही मकान में रह रहे हैं।

इग्वार कोप्राड

दुनिया के सातवें अमीर का टाइटल पा चुके स्वीडन के इग्वार केप्राड को देखकर लगता है कि कोई तंगहाली में जीवन गुजारने वाला बुजुर्ग हो। लेकिन अपनी कंपनी आइकिया दुनिया में सबसे ज्यादा मुनाफा कमाने वाली फर्नीचर की रिटेल चेन है, जिसके 35 देशों में 270 स्टोर हैं। इसके बावजूद भी वे अपना खाना खुद पकाते हैं, और जब बाजार जाते हैं, खरीदते समय जमकर मोलभाव करते हैं।

मार्क जुकरबर्ग (Mark Elliot zuckerberg)

फेसबुक के संस्थापक मार्क जुकरबर्ग मितव्ययी हैं, वह दिखावे से दूर रहते हैं। आपको यह जानकर आश्चर्य होगा कि वह अमेरिका के कैलिफोर्निया में एक किराए के मकान में अपनी गर्लफ्रेंड प्रिशर्ला चान के साथ रहते हैं। उनका मकान कोई खास बड़ा नहीं है। उनके स्टडी रूम में बस तीन कुर्सियां एक टेबल और दो अलमारियां हैं, उनके छोटे से किचन में लकड़ी की एक कैबिनेट मात्र है।

प्रोफेसर जीन बर्ड

यूनिवर्सिटी ऑफ टैक्सास अमेरिका के प्रोफेसर जीन बर्ड ने लगभग चार करोड़ रुपए से ज्यादा दान में दिए हैं लेकिन उनकी मितव्ययिता देखिए अपने काम पर जाने के लिए वे हर दिन छः मील पैदल चलते हैं। एक छोटे से अपार्टमेंट में रहते हैं और कहा जाता है कि अगर कचरे के डब्बे में फेंक गए जूते भी ठीक है तो उठाकर पहनने में उन्हें कोई एतराज नहीं है।

वॉरेन बफेट

30 अगस्त, 1930 को ओमाहा नेब्रासका मैं पैदा हुए वॉरेन बफेट एक अमेरिका निर्देशक व्यवसायी और परोपकारी व्यक्ति हैं।

45 अरब डालर की नेटवर्क वाले बफेट जहाँ भी जाते हैं, अपनी कार खुद चलाते हैं। उन्होंने ड्राइवर नहीं रखा है। वे पार्टियों में भी नहीं जाते इसके

बजाए घर पहुंचने के बाद वे अपने लिए पॉपकॉर्न बनाते हैं, और टीवी देखते हैं। हैरानी की बात तो यह है कि प्राइवेट जेट कंपनी के मालिक भी प्राइवेट जेट में सफर नहीं करते। उन्होंने अपनी पूरी संपत्ति दान में देने की घोषणा कर दी।

इनके अलावा इंफोसिस के सहसंस्थापक नारायण और सुधा मूर्ति भी कोई कम नहीं है। वे घर के कामों के लिए नौकर रखना पसंद नहीं करते और अपने काम खुद ही करते हैं। बाम्बे डाइंग के नुस्ली वाडिया अपना खाना खुद ही पकाना पसंद करते हैं, इस प्रकार उदाहरण में दिए लोग एवं अन्य सैकड़ों अमीर किफायत से जीते हैं, और परोपकारी कार्यों के लिए दिल खोलकर मदद करते हैं।

बिना परिश्रम प्राप्त धन, कष्ट दायक

डेल कारनेगी ने एक स्थान पर लिखा है मैं एक ऐसे परिवार को जानता हूँ जिसकी आय पहले कम थी फिर भी वह सुख शांति से समय व्यतीत करता हुआ भरपूर जीवन जी रहा था। एक बार उस परिवार को अचानक बिना परिश्रम के बहुत सारा धन मिल गया। होना तो यह चाहिए था कि उसका जीवन बेहतर और सुख सुविधापूर्ण बन जाता पर हुआ इसका उल्टा ही। उसका जीवन एक दम बदल गया और वह लोग और अधिक सुख की लालसा करने लगा। अब वे अधिक कीमत और चमकीले चटकदार कपड़े पहनने लगे अपने से ज्यादा संपत्ति वालों से मेलजोल बढ़ाने लगे। थोड़े दिनों के बाद उस परिवार की सारी संपत्ति राजसी ठाठ-बाठ में खर्च हो गई। कर्जे का बोझ बढ़ने लगा और उसके पास जो कुछ भी था, वह सब स्वाहा हो गया। बाद में यह भी हुआ कि माँ ने अपनी लड़कियों के संबंध ऊँचे खानदान में करने के लिए कपड़े वालों जोहरियों और दुकान वालों के बड़े-बड़े बिलों का भार बढ़ा लिया और मालूम हुआ कि अब उन बोझो से मुक्त होने के लिए उन लोगों के हाथ से उनका घर भी चला गया। अब उनका परिवार सुख शांति की जगह कष्टों और अशांति का अड्डा बन गया।

उपरोक्त उदाहरण किसी एकाध व्यक्ति से संबंध रखता हो ऐसी बात नहीं। आधे से अधिक धनाढ्य जिन्हें नव धनाढ्य कहा जाता है इस प्रकार की घटनाओं के शिकार होते हैं।

फिजूल खर्ची रोकना भी कमाना है

धन कमाना सरल है पर उसे खर्च करना कठिन है। संपन्न हो या निर्धन अपव्यय तो किसी को भी नहीं करना चाहिए। धन को विवेक पूर्वक कमाना चाहिए और विचारपूर्वक खर्च करना चाहिए।

कमाए हुए धन को अपव्यय से रोकना भी तो कमाना ही है। मितव्ययता का जीवन में बड़ा महत्व है। यह एक असाधारण गुण है। जो लोग इसके महत्व को नहीं समझते और उसकी शक्ति से अपरिचित रहते हैं, वे हमेशा आर्थिक कठिनाइयों में फंसे रहते हैं, साथ ही परिवार की उन्नति रोक देते हैं और जिसने भी जीवन की मूल आवश्यकताओं की पूर्ति के लिए धन का उपयोग किया है, अपव्यय नहीं किया, उनका जीवन सुखी रहा। सादगी को भारतीय जीवन में महत्वपूर्ण स्थान दिया गया है। इसी व्रत को अपनाकर पूर्वजों ने ज्ञान की महान साधना की। उस ज्ञान की जिसके कारण समस्त संसार में भारत को सभ्यता का सूर्य, ज्ञान-विज्ञान का देश माना जाता रहा है और जिसके बल पर वह जगद्गुरु कहलाया।

स्वर्गीय राष्ट्रपति डॉ. राजेंद्र प्रसाद राँची प्रवास पर थे। पैर में जूते की कील गढ़ रही थी, इसलिए उन्होंने नए जूते मंगाए। सेक्रेटरी जब 19 रुपये के जूते लेकर आया तो वे चिंता में पड़ गए, बोले 10 रुपये के जूतों से भी काम चल सकता था। सेक्रेटरी जब उसे लौटाने चल पड़े तो उन्होंने कहा अब वहाँ जाने में मोटर का पेट्रोल भी खर्च करोगे, अब जब गाड़ी वहाँ से निकले तब बदल लेना। राष्ट्रपति की सादगी और किफायत पर उपस्थित सभी लोग बहुत प्रभावित हुए।

कंजूसी और मितव्ययता

कंजूसी और मितव्ययता में वही अंतर है जो असत्य और सत्य में,

रात और दिन में होता है। एक कंजूस व्यक्ति धन के लिए अपने जीवन की आवश्यकताओं का घोर दमन करता है। उसकी चमड़ी भले ही चली जाए परंतु वह दमड़ी खर्च नहीं कर सकता। धन का उपयोग ही यह है कि उसके द्वारा जीवन की आवश्यकताओं की पूर्ति हो और जीवन में मनुष्य प्रतिष्ठा और सम्मान के साथ एक सामाजिक प्राणी के रूप में रह सके, लेकिन एक कंजूस धन का संचित करना ही उसका उपयोग समझता है।

इसी तरह बचत और कंजूसी में भी अंतर है, वैसे दोनों एक माँ से जन्मी बहने हैं। लक्ष्य दोनों का एक ही होता है कार्यविधि भी दोनों के लिए एक सी ही अपनाई जाती है। फिर भी दोनों की सोच में अंतर होता है, समाज व्यक्ति व परिस्थिति में इनमें भेद ढूंढ पाना कठिन अवश्य हो जाता है। एक व्यक्ति अपनी आय का बहुत बड़ा हिस्सा बैंक या पोस्ट ऑफिस में रखकर अथवा अन्य जगह विनियोग में लगा देता है और फिर बहुत ही कम पैसे में अपना गुजारा करता है। वह अनिवार्य आवश्यकताओं की पूर्ति भी ठीक से नहीं करता ऐसे व्यक्ति को आप किस श्रेणी में रखेंगे। निश्चित रूप से वह भविष्य को सुखमय बनाने की सोच से वर्तमान का गला घोटता है? क्या उसे बचत करने वाला समझा जाता है या बचइया कंजूस?

कंजूसी का अंजाम हाय! मैं लुट गया

एक व्यक्ति के पास बहुत धन था पर स्वभाव से वह था बड़ा कंजूस। न वह स्वयं खा पी सके, और न ही किसी को दे सके। घर में अपने धन को इसलिए नहीं रखता था कि कोई चोर डाकू न चुरा ले, उस समय बैंकिंग सुविधा भी उपलब्ध नहीं थी। अतः गांव के बाहर एक जंगल में गड्ढा करके अपना सारा धन गाड़ आया। दूसरे तीसरे दिन जाता और उस स्थान को चुपचाप देख आता था। उसे अपने पर बड़ा गर्व था।

एक बार एक चोर को शक हुआ वह कंजूस के पीछे चुपचाप गया और छुप कर देख आया। उसे समझने में देर न लगी कि इस स्थान पर अवश्य कोई मूल्यवान वस्तु दबी है। जब कंजूस चक्कर लगाकर घर चला आया तो

उस चोर ने खुदाई करके सारा धन प्राप्त कर लिया और वहाँ से रफूचक्कर हो गया।

दूसरे दिन जब कंजूस फिर अपने छिपे धन को देखने गया तो उसे जमीन खुदी हुई दिखाई दी। आसपास मिट्टी का ढेर लगा रहा और बीच में एक खाली गड्ढा था। उसका सारा धन जा चुका था। इतनी बड़ी हानि वह सहन नहीं कर सका। माथा पकड़कर जोर से रोने चिल्लाने लगा "हाय में तो लुट गया, मेरे सारे जीवन की कमाई चोर ले गए।"

रोना चिल्लाना सुनकर जंगल में रहने वाले आसपास के कई आदमी आ गए। उन्होंने समझाते हुए कहा "सेठजी! धन तो आपके काम पहले भी न आया था, और न अब आपके जीवन में आ सकता था। हाँ, उस पर आपका अधिकार अवश्य था और उसे यहाँ छिपाकर रख छोड़ा था। अब यदि यहाँ से कहीं और जगह चला गया तो आपको कौन सी हानि हो गई, क्योंकि आपके लिए तो वह बेकार ही था। ऐसी स्थिति में दुःखी होने की क्या आवश्यकता है।"

धनवान या कंजूस

अनेक लोग तो पैसे के इतने भक्त होते हैं कि उनका पैसा समाज सेवा के कार्यों में खर्च होना तो दूर उनके स्वयं के जीवन विकास में भी खर्च नहीं हो पाता। धन कमाना और केवल जमा करना उनका ध्येय होता है। इसी तरह जो धन कमाना और आगामी पीढ़ियों के लिए ही जमा करता रहता है, वह अपने धन की बदौलत धनवान किस प्रकार माना जा सकता है वह धन उसका होता ही कहा है वह तो वास्तव में उन उत्तराधिकारीयों का होता है, जिसके लिए वह उसे जमा कर रहा है। इसलिए दोनों तरह के लोग धनवान नहीं कंजूस की श्रेणी में ही आएंगे।

मात्र संचयी केवल पहरेदार

केवल धन संग्रह को ही अपना ईष्ट बना लेने वाले व्यक्ति को उसकी तृष्णा महामारी डुबो देती है। ऐसा व्यक्ति उपार्जित धन का सदुपयोग करने के स्थान

पर उसका पहरेदार बनकर रह जाता है। किसी ने ठीक ही कहा है -

सोना तू बड़ा बेजार, सोना मेरा हराम किया।
तू तो बैठा अंदर जाकर, मुझे पहरेदार किया।

गोस्वामी तुलसीदास जी ने भी ऐसे व्यक्ति के बारे में कहा है -

"हम हम करि धन धाम संवारे अंत चले उठी रीते।"

जीवन भर अथक परिश्रम किया उचित अनुचित रीति का विचार किए बिना धनोपार्जन किया कागज के टुकड़ों को सहेजा, फिर भी 'रीते' ही जाना पड़ा।

जो लोग केवल धन संग्रह में ही लगे रहते हैं, उसका सदुपयोग नहीं करते उनके बारे में किसी शायर ने बहुत खूब कहा है -

जोड़ लो जीवन में तुम चाहे कितने भी हीरे मोती।
बस इतना याद रखना कफन में जेब नहीं होती।।

अति संचय का अति कड़वा फल

एक सेठ धन जमा करते गए, कंजूस इतने कि खर्च के नाम पर कानी कौड़ी भी मुश्किल से निकालते थे। उनके पास बड़ी साइज की तिजोरी थी, एक दिन तिजोरी में बैठे रुपए गिन रहे थे, कि उधर से मुनीम निकले। सेठ ने सोचा मुनीम देख ना ले सो झट से तिजोरी का दरवाजा बंद कर दिया। उधर झटके के कारण खटका गिर जाने से तिजोरी अपने आप बंद हो गई। सेठ चिल्लाते रहे, पर बंद होने के कारण किसी ने उनकी आवाज नहीं सुनी। सातवें दिन लड़के ने तिजोरी खोली तो सेठ की सड़ी लाश निकली जिसने भी सुना कहा अति संचय का यही फल होता है।

कंजूस कुएं का मेंढक

कंजूसी से मनुष्य के मस्तिष्क पर भी बुरा प्रभाव पड़ता है। वह कुएं के मेंढक की तरह स्वयं को संकुचित ही पाता है। उसका प्रत्येक दृष्टिकोण कुएं से बाहर नहीं आ पाता। उसके जीवन की प्रत्येक गतिविधि चाहे वह व्यापार

हो, चाहे नौकरी, पत्थर की तरह एक स्थान पर जड़ जैसी जम जाती है। प्रगति की प्रत्येक खिड़की, दरवाजों को वह स्वयं बंद कर लेता है। समाज से अलग-अलग सा हो जाता है, समाज के प्रत्येक प्राणी पर वह संदेह करने लगता है। विश्वास नाम की चीज उसके पास जरा सी भी नहीं रहती। वह समाज से भयभीत भी रहने लगता है। उसका सामाजिक जीवन नष्ट हो जाता है, उसका निकटतम पड़ोसी भी उसको नहीं पहचानता।

अमीरी प्रदर्शन का दुष्प्रभाव

कीचड़ या गंदी चीजों का ढेर लगने से उसमें सड़न पैदा होती है। पानी रुकता है, तो उसमें बदबू आने लगती है। और उस सड़न या बदबू की दुर्गंध समीपवर्ती सब लोगों को दुःख देती हैं। धन संग्रही व्यक्ति भले ही अमीर या पूंजीपति के नाम से पुकारा जाए वह वस्तुतः समाज के सम्मुख एक गलत उदाहरण ही प्रस्तुत करते हैं। उनकी नकल करने की दौड़ में कितने ही कमजोर बुद्धि मनुष्य अपना मानसिक संतुलन खो देते हैं, और किसी प्रकार अमीर बनकर उन तथाकथित बड़े आदमियों जैसा ऐश्वर्या भोगना चाहते हैं। इस वांछनीय दौड़ को जन्म देने वाले वे लोग हैं, जो अपना व्यक्तिगत वैभव बढ़ाकर सर्वसाधारण की आंखों में चकाचौंध पैदा करते हैं, और जल्दी ही अमीर बनने या असीम सुख साधन भोगने की कामनाओं को भड़काते हैं। अमीरी का ठाठ-बाठ लोगों को यही सिखाता है कि उन्हें भी इस लक्ष्य की प्राप्ति के लिए इस दौड़ में शामिल हो जाना चाहिए, जबकि अन्य लोग सही तरीके से उतना उपार्जन करने की स्थिति में नहीं होते, इसलिए धन और ऐश्वर्य की लालसा में निमग्न व्यक्तियों को गलत का मार्ग ही अपनाना पड़ता है।

बीते जमाने के प्रसिद्ध सितारे मोतीलाल, भगवान दादा, मीना कुमारी आदि अनेक नाम हैं जिन्होंने दौलत और शोहरत दोनों कमाई लेकिन धन का अपव्यय किया, धन को बेदर्दी से खर्च किया, शाही खर्च किए जिसके कारण उनका अंतिम समय बड़ी गरीबी से बीता और कई सितारों की मृत्यु पर तो अंतिम संस्कार के पैसे भी उनके परिवार के पास नहीं थे और यह भी उनके

परिचितों ने किया या चंदा लेकर हुआ।

व्यक्ति को यह समझना चाहिए कि लक्ष्मी चंचल है, कमाना मुश्किल है, लेकिन खर्चे बढ़ाना बहुत आसान है। शाही खर्च से तो कुबेर का खजाना भी खाली हो सकता है। पुराने समय में कहा जाता था कि मेरे पास बहुत सम्पत्ति है सात पीढ़ियाँ बैठकर खायेंगी परन्तु वर्तमान में कितनी भी धन संपदा क्यों न हो, झूठे दिखावे, फिजूलखर्ची से तो सात पीढ़ियाँ तो क्या वर्तमान पीढ़ी को भी गरीबी में जिंदगी बिताना पड़ सकती है।

मितव्ययिता के यंत्र को अपनाएं

धन संपन्न होने का यह अर्थ नहीं है कि उसका अपव्यय किया जाए। कहते हैं कि यदि किफायत से खर्च न किया जाए तो बड़ा खजाना भी एक दिन समाप्त हो जाता है। इसका आशय यह भी नहीं कि हम आवश्यक व्यय में कोई कटौती कर कंजूस बन जाएं, अपितु यह कि हम तर्कसंगत रूप से व्यय करने संबंधी मितव्ययिता के मंत्र को अपनाएं। मितव्ययिता से तात्पर्य किसी वस्तु के सदुपयोग से है। सर्वजन हिताय की कामना करने वाली भारतीय संस्कृति में मितव्ययिता को महत्व मिला है। इसलिए आज भी घर के बड़े बुजुर्गों के आचरण में इसे देखा जा सकता है।

हमारे दादा-बा के समय के सुखी जीवन का सूत्र था (मालवी भाषा में)

घर बनाओ छोटो, कपड़ा पहनो मोटो
खाओ ज्वार का रोटो, तो कभी न आये टोटो।

पिता ने पुत्र को दिया अनुपम उपहार

धन संपन्न बनने के लिए मितव्ययिता की बड़ी आवश्यकता है। इसके लिए किसी बड़ी योग्यता की जरूरत नहीं है। अत्यंत आवश्यक वस्तुओं को उचित मात्रा में खरीदना इस सिद्धांत को ध्यान में रखकर कोई भी मनुष्य ठीक प्रकार से गृह प्रबंध कर सकता है, किंतु इसका अर्थ कंजूसी नहीं। कल के लिए जमा रखने की इच्छा से जो आज भूखा मरता है, वह मूर्ख है।

मितव्ययी मनुष्य धन को भगवान मानकर उसकी पूजा नहीं करता वरन उसे सावधानी से विवेक पूर्वक वहीं उपयोग करता है जहाँ उसके उपयोग की आवश्यकता है।

जब फ्रांसिस हेनरी विवाह के बाद गृहस्थी में पड़े तो उसके पिता ने कहा पुत्र मेरा हृदय से आशीर्वाद है, तू सुखी और प्रसन्न रहे। खुशी के इस अवसर पर एक रत्न तुझे उपहार दे रहा हूँ और वह है "मितव्ययिता का उपदेश।" अनाड़ी और ओछे व्यक्ति इसका महत्व नहीं समझते और हंसी उड़ाते हैं, पर मैंने दीर्घकालीन अनुभव से यह जाना है कि कोई गृहस्थ अपना जीवन यदि सुखपूर्वक व्यतीत करना चाहता है तो उसे खर्च करते समय बहुत सावधानी से काम लेना चाहिए। बेटा यदि तुम मेरे इस रत्न को संभालकर रखोगे, तो यह सौभाग्य की तरह हर समय मदद करेगा।

अंत में कहा जा सकता है कि न तो कंजूसी अच्छी समझी गई है, न ही फिजूलखर्ची। यह दोनों आदतें व्यक्ति को क्रमश संकुचित और लापरवाह बना देती हैं, और परिणाम अच्छे नहीं निकलते। अतः हमें दोनों आदतों के बीच का रास्ता अपनाना चाहिए। पैसा इतना भी न बचाइए की बचत के पश्चात अभावों का बनावटी शिकार कर अपने आसपास के लोगों में उपहास का एवं तिरस्कार का पात्र बन जाना पड़े और न ही पैसा इतना अंधाधुंध पानी की तरह बहा दें कि वास्तविक आवश्यकता के समय बगले झांकने लगे और निर्धनता के शिकार बन जाएं।

❍

8.

शून्य से शिखर तक पहुँचे लोगों के जीवन के प्रेरक प्रसंग

ऊँची सफलता पाने वाले लोगों और कम सफलता पाने वाले लोगों के बीच बुनियादी अंतर कर्म केंद्रित का होता है जो भी व्यक्ति जिंदगी में ऊंचे काम करते हैं वे प्रबलता से कर्म केंद्रित होते हैं। वे हर वक्त चलते रहते हैं। उनके मन में जैसे ही कोई विचार आता है फौरन उस पर काम करने लगते हैं।

- ब्रायन ट्रेसी, शीर्ष मैनेजमेंट परामर्शदाता

धनवान होने का अर्थ केवल यह नहीं है कि आपके पास धन कितनी मात्रा में है जीवन शैली और विचारों की संपन्नता से भी व्यक्ति सुसंपन्न होते हैं। जो व्यक्ति यह सोचता है कि मैं निर्धन हूँ उसके विचार भी निर्धन होते हैं विचारों की निर्धनता के कारण ही वह आर्थिक रूप से भी विपन्न होता है, यह विपन्नता उसे लाचार, बेबस और पराश्रित बना देती है, और फिर वह भाग्य के भरोसे बैठा रहता है वह संपन्न होने की कल्पना शक्ति को खो बैठता है और यह जानने की कोशिश ही नहीं करता कि दूसरे लोग आखिर संपन्न कैसे हुए हैं? क्या वह भी उनकी तरह नहीं बन सकता? संसार में जितने भी लोग निर्धनता से छुटकारा पा धनवान हुए हैं, उनकी एक ही सोच रही है कि ऐसा क्या है, जो मैं नहीं कर सकता? और इसका उत्तर भी उनके इसी सवाल में निहित है कि मैं सब कुछ कर सकता हूँ।

धनवान बनने या सफलता के उच्चतम पायदान पर पहुंचने के लिए यह आवश्यक नहीं कि किसी व्यक्ति के पास समुचित साधन हो अथवा उसके अभिभावकों द्वारा उसके लिए शिक्षा तथा सुविधा जुटाने का प्रबंध किया हो। इसका अभाव रहने पर भी व्यक्ति अपनी दृढ़ इच्छाशक्ति एवं तत्परता के बल पर प्रतिकूलता को भी अनुकूलता में बदल सकता है और साधारण स्थिति में भी बाधाओं को अपने मनोबल से दूर कर सफलता प्राप्त कर सकता है।

इतिहास के पृष्ठ ऐसे अनेक लोगों की पुरुषार्थ गाथाओं से भरे पड़े हैं जिन्होंने अपनी प्रबल इच्छा शक्ति एवं पुरुषार्थ के बल पर स्वयं को कुछ से कुछ बनकर दिखाया। जिन्होंने विभिन्न प्रकार की उपलब्धियों संबंधी कीर्तिमान स्थापित किए। जबकि वह ऐसे थे जो अत्यंत विपन्न स्थिति में थे, जो झोपड़ियों में जन्में पले, उनके सामने रोजी-रोटी की समस्या थी, उन्हें गया-गुजरा समझा गया, किन्तु उन्होंने अपनी इच्छा शक्ति और पुरुषार्थ का उपयोग कर निर्धनता की जंजीर को तोड़ आश्चर्यजनक सफलता प्राप्त की। ऐसे ही कुछ लोगों के उदाहरण प्रस्तुत हैं उनसे प्रेरणा लेने की आवश्यकता है।

अपंग ने हौसले से जीता एवरेस्ट

उत्तर प्रदेश के अंबेडकर नगर की रहने वाली 27 वर्ष की अरुणिमा ने हिमालय की सबसे ऊंची चोटी एवरेस्ट फतेह कर ली। उनका जुनून ही है, जिसका बाया पैर न रहते हुए भी एवरेस्ट की ऊंचाई छू ली।

इस सफलता के बाद वह देश की पहली ऐसी महिला बनी जिसने विकलांगता के बावजूद एवरेस्ट को अपने कदमों के नीचे कर लिया। उन्हें भारत सरकार ने मार्च 2013 में पद्मश्री की उपाधि से विभूषित किया।

अरुणिमा सिन्हा का कहना है कि विकलांगता शरीर से नहीं, दिमाग में होती है। दिमाग विकलांग है तो शरीर भी विकलांग, उनका कहना है कि जिद के बगैर दुनिया नहीं जीती जा सकती है, न हीं बदली जा सकती है। जिद करें तो दुनिया बदल सकते हो।

अप्रैल 2011 को पद्मावती ट्रेन से लखनऊ से दिल्ली जाते समय लुटेरों से उनका संघर्ष हुआ। झगड़े में बदमाशों ने बरेली के पास उन्हें ट्रेन से नीचे फेंक दिया। इस हादसे में अरुणिमा को अपना बायां पैर गंवाना पड़ा, हादसे के पहले बोलीबॉल कि नेशनल खिलाड़ी रह चुकी अरुणिमा सिन्हा ने एवरेस्ट फतह का जुनून पाल रखा था। कृत्रिम पैर के सहारे 21 मई, 2013 को उसने दुनिया की सबसे ऊंची चोटी जीतकर रिकॉर्ड बना दिया।

जंगल की झोपड़ी में पला-बड़ा बच्चा बना अमेरिका का राष्ट्रपति

जंगल में बनी एक झोपड़ी में एक विधवा अपने डेढ़ वर्ष के बालक के लिए चिंता कर रही थी, कि भेड़िए से किस तरह उसकी रक्षा हो सकेगी, थोड़े दिनों बाद बड़ा होने पर वह लड़का लकड़ी काटता है, खेत जोतता है, अवकाश के हर मिनट को वह माँगकर लाई हुई पुस्तकों को पढ़ने में खर्च करता है, सोलह साल की उम्र में वह खच्चर हाँकता है, कुछ दिनों बाद वह पुस्तकालय में झाड़ू लगाने और घंटा बजाने का काम करता है। फिर दूसरी जगह वह एक डॉलर प्रति सप्ताह पर कपड़े धोने और सामान लाने आदि का काम करने लगता है। इस तरह से हैमर कॉलेज में घंटा बजाने का काम करने वाला लड़का जेम्स ए. गारफील्ड 50 साल की आयु में अमेरिका का राष्ट्रपति बन जाता है।

मजदूर का बेटा आईएएस ऑफिसर

एक मजदूर के बेटे का आई.ए.एस. ऑफिसर तक पहुंचने का सफर बहुत संघर्ष भरा होने के साथ-साथ बहुत प्रेरणादायी भी है। तमिलनाडु के एक छोटे से गांव में फूस से बनी झोपड़ी में रहने और सरकारी स्कूल में पढ़ने वाले बालागुरु के लिए पढ़ना भी एक सपने के सच होने जैसा था।

बालागुरु को पढ़ने का शौक बचपन से था। लेकिन घर में कोई अखबार और पत्रिका मंगवा पाने की गुंजाइश नहीं थी। तो बालागुरु ने इसका एक रास्ता निकाला। घर के पास ही एक हेयरकट सैलून थी, उसके यहाँ तमिल अखबार आया करते थे। बालागुरु सप्ताह के अंत में उससे सारे अखबार

लेकर आ जाता और पढ़ता बाद में स्कूल के पास ही एक सैलून के मालिक से दोस्ती कर ली और लंच ब्रेक में उसके सलून जाकर वह हर दिन के सारे अखबार पढ़ लिया करता था।

इतने से भी जब उसकी प्यास नहीं बुझी तो ट्रांजिस्टर पर ऑल इंडिया रेडियो के प्रोग्राम सुनना प्रारंभ कर दिया, वह नियमित रूप से रेडियो पर प्रसारित होने वाले समसामयिक विषयों वाले कार्यक्रमों और क्विज को सुनता था। उसने कई क्वीज कार्यक्रमों में स्कूल के लिए कई मेडल जीते इसी के कारण उसने स्कूल में पढ़ने वाले बच्चे के तौर पर ख्याति अर्जित की। उसकी रूचि देखते हुए उसके अध्यापक ने उसे तमिलनाडु के ग्रामीण विद्यार्थियों के लिए आयोजित होने वाले टैलेंट सर्च परीक्षा के लिए प्रोत्साहित किया। बालागुरु के जीवन ने वहाँ से मोड़ लिया।

परीक्षा में बालागुरु सफल हुआ उस वक्त वह आठवीं कक्षा में पढ़ रहा था। परीक्षा को पास करने के पश्चात उसे अपना स्कूल समाप्त करने तक हर वर्ष एक हजार रुपये की स्कॉलरशिप मिलना शुरू हो गई। बालागुरु के लिए यह बहुत बड़ी रकम थी। उसी के कारण बालागुरु ने अपने स्कूल की 12वीं तक की पढ़ाई पूरी की थी लेकिन फिर पारिवारिक परिस्थितियां की वजह से वह आगे की पढ़ाई नहीं कर पाया।

इसलिए 12वीं के बाद बालागुरु अपने घर से 300 किलोमीटर दूर करूर जिले एक कस्बे में अपने एक दूर के रिश्तेदार के साथ काम करने के लिए पहुंचा। वहाँ बालागुरु को फर्नीचर को उपभोक्ता के घर पहुंचाना और इंस्टॉलमेंट इकट्ठा करने का काम मिला। बालागुरु वहाँ मालिक की बस्ती में अपने कुछ और साथी के साथ रहता था। मालिक सबको रहने और खाने की सुविधा उपलब्ध कराता था।

वहाँ उसने बी.ए. ऑनर्स (इतिहास) में प्रवेश लिया लेकिन रहना अब भी समस्या ही थी, इसलिए बालागुरु ने वहाँ नौकरी की तलाश की। एक जगह उसे सिक्योरिटी एजेंसी में काम मिला। यहाँ एक अस्पताल में लिफ्ट

इंचार्ज का काम करता था वह। बालागुरु बताता है कि लोग सिक्योरिटी गार्ड का सम्मान नहीं करते थे, देखकर दुःख होता था। जब तक उसने नाइट शिफ्ट में काम किया तब तक वह हर सुबह आसपास की लाइब्रेरी में जाकर अखबार, पत्रिकाएं पड़ता रहा और उसी दौरान उसने कंप्यूटर और स्पोकन इंग्लिश क्लास भी ज्वाइन कर ली। फिर उसे इससे बेहतर नौकरी मिली। उसे फार्मेसी में हेल्पर का काम मिला।

यहाँ तनख्वाह भी कम थी और रहने की सुविधा भी नहीं थी, फिर भी सम्मान था। यही रहते हुए उसने 2011 में अपना ग्रेजुएशन पूरा किया और यूपीएससी परीक्षा में शामिल हुआ। पहली बार में असफलता मिली लेकिन दूसरी जगह क्लेरिकल पोस्ट मिली। उसमें उसकी तनख्वाह 15 हजार रुपये महीना थी, लेकिन बालागुरु ने वह नौकरी नहीं की और आईएएस की तैयारी में लगा रहा। आखिरकार चार साल की मेहनत और तीन बार के प्रयासों के बाद बालागुरु आईएएस में सफल रहा।

बालागुरु बस यही कहता है कि अपने सपनों का पीछा करना मत छोड़ो, वो एक दिन जरूर आपकी मुट्ठी में होंगे।

कुछ कर गुजरने का जुनून हमेशा जीतता है - भारत के प्रधानमंत्री नरेंद्र मोदी (रजनी की कहानी)

पानीपत के बुआना गांव की लड़की रजनी 8 साल की थी। तब उसने एक गांव में बॉक्सिंग कोच सुरेंद्र मलिक को फूल मालाओं से लदा देखा। वे किसी मुकाबले से लौटे थे, यह घटना रजनी की प्रेरणा बनी। रजनी ने अपनी माँ से कहा कि वह भी बॉक्सिंग सीखेगी। घर की आर्थिक स्थिति खराब होने के बावजूद भी उसकी माँ ने हामी भर दी, लेकिन पैसे न होने के कारण रजनी को माँ के साथ मजदूरी भी करना पड़ी। रजनी के पिता ठेले पर लस्सी बेचते हैं। उसने एकेडमी में एडमिशन लिया और रोज एकेडमी में प्रैक्टिस भी करती रही। पैसे नहीं होने के कारण एकेडमी के पुराने ग्लब्स से ही प्रैक्टिस करती थी।

रजनी 10 की हो गई तब भी वह अपनी माँ के साथ गांव में मजदूरी करने जाती थी। जनवरी 1998 में सर्बिया में नेशंस बॉक्सिंग चैंपियनशिप में रूस की बॉक्सर को हरा कर वह दुनिया की सर्वश्रेष्ठ जूनियर बॉक्सर चुनी गई। इसी वर्ष दिसंबर में वह नेशनल चैंपियन बनी। चंडीगढ़ में हुई नेशनल चैंपियनशिप में गोल्ड मेडल जीतते ही वह सबसे पहले पास में ही एक ठेले वाले के पास गई और उसने कहा कि मेरे पिता भी ठेला लगाते हैं, और उसने उसे ठेले वाले के साथ अपनी खुशियां बांटी।

प्रधानमंत्री नरेंद्र मोदी ने मन की बात में रजनी का उल्लेख किया था और उन्होंने बताया था कि ऐसी बेटियां ही हमें ऊर्जा देती है। इनकी मेहनत बताती है कि परिस्थितियां कितनी भी विपरीत क्यों न हो, कुछ कर गुजरने का जुनून हमेशा जीतता है।

झुग्गी बस्ती में जन्मी एस्ट्री लाडर बनी कॉस्मेटिक कंपनी की संस्थापक

अमेरिका की एस्ट्री लाडर नाम की एक बहुत ही गरीब लड़की थी, जिसका जन्म झुग्गी बस्ती में हुआ था। गरीबी को उसने बहुत करीब से देखा और मन में निश्चय किया कि वह धनवान बनकर दिखाएगी। जो भी उसकी यह बात सुनता, उसका मजाक उड़ाता। लेकिन कोई भी व्यक्ति उसे दुविधा में नहीं डाल सका। उसने अपने परिवार के लोगों से साफ कह दिया मुझे अमीर बनने से दुनिया की कोई ताकत नहीं रोक सकती। मैं पक्के तौर से जानती हूँ कि मैं अमीर जरूर बनूंगी।

गरीबी को लात मारने के लिए उसने एक रात बहुत ही ठोस योजना तैयार की। इसके बाद उसने अपने जरूरी खर्चे रोककर बचत की तथा थोड़े से पैसे जोड़े। जब तक पैसे जुड़े, उसने कॉस्मेटिक उद्योग की जानकारियां एकत्रित की तथा बहुत ही छोटे स्तर पर कॉस्मेटिक बनाने का काम शुरू कर दिया। लोगों ने उसका खूब मजाक उड़ाया तथा हौसला तोड़ने का प्रयास किया। लेकिन उसके मन में कोई डिलेमा या असमंजस नहीं था। वह शांत थी। चिंता नहीं बस चिंतन कर रही थी।

उसने कुछ विशेष प्रकार के सस्ते और बढ़िया कॉस्मेटिक्स तैयार किए। लेकिन समस्या यह थी कि उन्हें बेचे किसको। परन्तु उसके पास सारी योजना तैयार थी। वह जानती थी कि कॉस्मेटिक स्टोर के लोग उसके उत्पाद खरीदने वाले नहीं थे, और न ही आम लोग इतनी आसानी से उसके उत्पाद खरीदने वाले थे। इस बात का समाधान वह पहले ही सोच चुकी थी।

एस्ट्री लॉडर ने अपने उत्पाद का प्रयोग पहले अपनी ही झुग्गी-झोपड़ी की लड़कियों और औरतों पर करना शुरू कर दिया। उसने कहा कौन कहता है कि आप गरीब है, और अमीरों की औरतों की तरह सज-संवरकर नहीं रह सकतीं। आज से अपने आप को खूब सजाइए, संवारिए और बन-ठनकर रहना शुरू कर दीजिए।

बस्ती की औरतों और लड़कियों ने पूछा हम इसके लिए पैसे कहाँ से लाएंगे? तुम कोई मुफ्त में थोड़े ही दोगी? एस्ट्री ने हंसकर कहा मैं तुमसे इन कॉस्मेटिक्स का कोई पैसा नहीं लूंगी। बस तुम मेरी मदद कर देना।

जहाँ एस्ट्री रहती थी, उस झुग्गी-झोपड़ी के लोग छोटे-छोटे काम करते थे। कोई फुटपाथ पर सामान बेचता था, तो कोई फेरी लगाता था। कोई किसी घर में काम करता था, तो कोई किसी होटल में। कोई कबाड़ खरीदता या बेचता था, तो कोई अपने ठेले आदि पर सामान ढोता था। पत्नियों और बेटियों के दबाव डालने पर यही छोटा काम करने वाले लोगों ने अपने काम के साथ-साथ स्त्री के उत्पाद बेचने शुरू कर दिए। देखते ही देखते यह उत्पाद शहर के सभी फुटपाथ पर बिकने के लिए आ गए, वहीं झुग्गी-बस्ती के लोगों ने छुट्टे पैसे न देकर ग्राहकों को कॉस्मेटिक्स देना शुरू कर दिया।

एस्ट्री अपनी योजना को लेकर किसी असमंजस में नहीं थी। वह जानती थी कि महिलाओं को सजने-संवरने का कितना शौक होता है, और दुनिया की हर महिला अधिक से अधिक सुंदर दिखना चाहती है। इस सच्चाई को एस्ट्री ने खूब कैश भुनाया। जब घर की औरतें खूबसूरत दिखने लगी तो उनके पतियों में भी खासा उत्साह जागा तथा वे उन उत्पादों को दिल खोलकर बेचने लगे तथा उनका प्रचार करने लगे।

एस्ट्री ने बस्ती की महिलाओं और लड़कियों को उत्पाद तैयार करने के काम में लगा दिया तथा उन्हें उनकी पूरी मजदूरी देने लगी। उस बस्ती में देखते ही देखते कॉस्मेटिक्स का अच्छा खासा उद्योग शुरू हो गया। आप जरूर जानना चाहेंगे कि एस्ट्री को कितनी सफलता मिली। जवाब यह है कि वह अमेरिका की सबसे बड़ी कॉस्मेटिक फर्म की संस्थापक बन गई। इस कंपनी का व्यवसाय बिलियन डॉलर्स में पहुंच गया।

आपको यह रहस्य जरूर समझ में आ गया होगा। लक्ष्य कभी धन से या संसाधनों से प्राप्त नहीं होते। इसके लिए सकारात्मक सोच के साथ साहस और पुरुषार्थ की आवश्यकता होती है।

आपकी जिंदगी में ऐसे लोग बहुत आए होंगे, जिन्हें आप जीनियस समझते रहे हों, लेकिन वे जिंदगी में कुछ हासिल न कर पाए हों और ऐसे लोग भी आपने बहुत देखे होंगे, जिन्हें दूसरे कम अक्ल वाला या साधारण मानते हो और वह उस मुकाम तक पहुंच गया हो, जिसकी किसी ने कल्पना तक न की हो।

एस्ट्री लॉडर के जीवन संदर्भ में निम्न पंक्तियां पूरी तरह लागू होती हैं -

हम कल क्या थे, कोई फर्क नहीं पड़ता,
लक्ष्य,
अच्छी सोच,
कड़ी मेहनत,
और संकल्प शक्ति के साथ आगे बढ़ें
और कोई भी व्यक्ति अपना भाग्य बदल सकता है।

जूतों पर पॉलिश करने वाला बना उपराष्ट्रपति

अमेरिका के लिंडन बी. जानसन 9 वर्ष की आयु में जो कि खेलने खाने की होती है, अपने जन्म स्थान टेक्सास में फुटपाथ पर बैठकर जीविकोपार्जन के लिए बूट पॉलिश किया करते थे। अमेरिका में प्रत्येक व्यक्ति को बचपन से

ही यह सिखाया जाता है कि किसी भी कार्य को छोटा और असम्मानीय मत समझो।

जानसन के मन में तो स्वतंत्रता की भावना समाई हुई थी, फिर वह बूट पॉलिश के कार्य को छोटा कैसे समझ सकते थे। एक और पालिश का कार्य और दूसरी और पढ़ाई का कार्य निरंतर चलता रहा, उसका परिणाम यह रहा कि 15 वर्ष की आयु में उन्होंने हाई स्कूल की परीक्षा उत्तीर्ण कर ली।

इसके बाद उन्होंने कार की धुलाई, ऐलीवेटर संचालन तथा सड़क निर्माण का कार्य अपने हाथों में लिया। जानसन प्रत्येक कार्य को समर्पित भाव और तन्मयता से करते थे।

22 वर्ष की आयु में जानसन ने बी.एस.सी. की परीक्षा उत्तीर्ण कर ली और एक हाई स्कूल में अध्यापक हो गए। बाद में अध्यापक की नौकरी छोड़कर वह वाशिंगटन आ गए और यहाँ रिचर्ड क्लेबर्ग के सचिव बन गए। दिन में सचिव का कार्य करते थे और रात्रि में जार्ज टाउन विश्वविद्यालय में कानून की शिक्षा ग्रहण करते थे।

जानसन अपनी प्रतिभा के बल पर नो प्रतिद्वंद्वियों को पराजित कर टेक्सास राज्य के प्रतिनिधि चुने गए। जानसन का राजनीति में यह पहला कदम था, जहाँ उन्हें सफलता मिली।

सन 1953 में उनकी कार्यक्षमता और नेतृत्व शक्ति ने ही उन्हें सीनेट में अल्पसंख्यक दल का नेता बना दिया। उनकी आयु इस समय केवल 44 वर्ष थी। अब तक जितने नेता चुने गए थे, उनमें सबसे कम आयु के जानसन ही थे। आयु बढ़ने के साथ उनकी योग्यता, बुद्धिमत्ता और अनुभव निरंतर बढ़ते जा रहे थे। सन 1954 ई. में वे बहुमत दल के नेता निर्वाचित हो गए। 1962 में राष्ट्रपति केनेडी की हत्या के बाद वे राष्ट्रपति काल की शेष अवधि तक अमेरिका के राष्ट्रपति भी रहे।

नेता के रूप में उन्होंने अपनी योग्यता, कड़ी मेहनत, अच्छी सोच और संकल्प शक्ति का परिचय दिया जो बहुत कम व्यक्तियों में देखने को मिलता है।

कौन जानता था कि जूतों पर पॉलिश करने वाला 9 नवंबर, 1960 ई. को अमेरिका जैसे महान देश का उपराष्ट्रपति बन जाएगा।

मन्दिर में खाना खाकर गुजारा करने वाला बना एप्पल का संस्थापक

सूचना तकनीक की दुनिया बदलने वाले स्टीव जॉब्स को भला कौन नहीं जानता। लेकिन मोबाइल और कंप्यूटर की दुनिया के इस बेताज बादशाह का प्रारंभिक जीवन संघर्ष और कठिनाइयों से भरा हुआ था। उनके माता-पिता ने उन्हें किसी और को गोद दे दिया था। अध्ययन के दौरान उनके पास रहने के लिए कमरा तक नहीं था, और वे मित्रों के घर पर फर्श पर सोते थे। यहाँ तक कि वे भोजन के लिए भी वे एक कृष्ण मंदिर पर निर्भर थे। उन्हें अपनी कॉलेज की पढ़ाई भी बीच में छोड़नी पड़ी थी। एक समय ऐसा भी आया जब उन्हें उनकी ही कंपनी से निकाल दिया गया, लेकिन अपने लगातार प्रयासों और लगन से अपने सपने को साकार किया और दुनिया की सबसे सफल मोबाइल और कंप्यूटर कंपनी में से एक "एप्पल" के संस्थापक बन गए। इसलिए कहा गया है -

जो व्यक्ति जीवन में संघर्ष से परिचित नहीं होता
इतिहास गवाह है वह कभी चर्चित नहीं होता।

कलाम का कमाल - बड़े सपने बड़ी सफलता

भारत के पूर्व राष्ट्रपति भारतरत्न डॉ. ए.पी.जे. अब्दुल कलाम बहुत ही गरीब परिवार में जन्मे और पले थे। बचपन में उन्होंने अखबार बांटने का कार्य भी किया। एम.आई.आई.टी. में एडमिशन के लिए उन्हें 1000 रुपये की आवश्यकता थी, परंतु उनके पिताजी के पास इतने रुपये नहीं थे। ऐसे में उनकी बहन ने अपनी सोने की चूड़ियां और चेन गिरवी रखकर पैसों का इंतजाम किया।

डॉ. कलाम अपनी कल्पना शक्ति श्रम और लगन के कारण भारत के यशस्वी वैज्ञानिकों में से एक तथा उपग्रह प्रक्षेपणयान रणनीतिक मिसाइलों के

स्वदेशी विकास के वास्तुकार बने। वे प्रौद्योगिकी क्षेत्र में भारत को महाशक्ति का दर्जा दिलाने के लिए भी प्रयत्नशील रहे।

डॉ. अब्दुल कलाम का कथन है कि यदि कोई व्यक्ति छोटे स्वप्न देखता है तो वह गुनाह करता है, वह अपने जीवन को अर्थहीन बनाता है, आप भी बड़े स्वप्न देख सकते हैं। ईश्वर ने आपको भी वही सब कुछ प्रदान किया है, जो दूसरे सफल एवं महान व्यक्तियों को प्रदान किया है, तो फिर क्यों अपने जीवन को छोटी-छोटी सफलताओं एवं असफलताओं में उलझाए हुए हैं। यदि आपको कोई स्वप्न देखना ही है तो छोटा क्यों? बड़े से बड़ा देखिए।

उनका मानना था कि हम सबके भीतर ईश्वर का तेज छिपा हुआ है। हमारी कोशिश उस तेजपुंज को पंख देने की रहना चाहिए, जिससे यह चारों और अच्छाइयां एवं प्रकाश फैला सकें।

सादा जीवन उच्च विचार के सिद्धांत पर चलने वाले अब्दुल कलाम ने बचपन में आसमान छूने का सपना देखा था। वे चाहते थे कि भारत का हर बच्चा उनकी तरह ही बड़े सपने देखें, ताकि यह देश उन्नति के शिखर पर पहुंच सके।

किसी ने क्या खूब कहा है -

मत सोच के तेरा सपना पूरा नहीं होगा
हिम्मतवालों का इरादा कभी अधूरा नहीं होगा
जिस इंसान के कर्म अच्छे होते हैं
उसके जीवन में कभी अंधेरा नहीं होगा।

विपत्ति की पाठशाला ने बनाया विल्सन को राष्ट्रपति

अमेरिका के राष्ट्रपति विल्सन से पत्रकार वार्ता में एक पत्रकार ने पूछा मिस्टर विल्सन, आपने किस पाठशाला में शिक्षा पाई थी?

विल्सन ने मुस्कुराते हुए उत्तर दिया विपत्ति की पाठशाला में।

दस वर्ष की आयु तक बच्चे कक्षा चार उत्तीर्ण कर लेते हैं, पर अभागे विल्सन को भरपेट भोजन मिलना भी कठिन था। कक्षाएं तो बेचारा क्या

उत्तीर्ण करता। बीस वर्ष की आयु तक विल्सन ने बोझा ढोया, लकड़ियां काटी, बैल हाँके, जंगलों में घूमा, होटलों में बर्तन साफ करने का काम किया। प्रातः काल से संध्या काल तक उसे परिश्रम ही परिश्रम करना पड़ा। इस श्रम साधना के बदले उसे जो थोड़े से रुपये मिले उसका उपयोग उसने आत्मशक्तियों के विकास में किया। सिनेमा या थियेटर देखने में या जिह्वा के स्वाद में नहीं। पैसों के अभाव में समय गुजार रहे विल्सन कहते थे, तब मुझे एक डॉलर ऐसा लगता था जैसे चंद्रमा जैसा प्यारा और बहुत आकर्षक वस्तु हो।

विल्सन ने अनुभव किया कि शिक्षा और बौद्धिक क्षमता के अभाव में लोग आगे नहीं बढ़ पाते। इसके लिए पढ़ना जरूरी है। अतः उसने 11 महीने काम और एक महीना पढ़ाई की। अपनी आजीविका भी जुटाई और ज्ञान भी बढ़ाया। अध्यवसायी जीवन, ईमानदारी और चरित्र ने उसे दृढ़ता और शारीरिक शक्ति दी। इस प्रकार उसने अभावों व आशक्तियों और अज्ञान के तीन दरवाजे बंद किए और प्रगति का मार्ग प्रशस्त किया।

आखिरकार विल्सन कि यह संघर्ष शक्ति और परिश्रम शीलता काम आई वे जिस क्षेत्र में बढ़े लोगों ने सम्मान दिया। कर्मठ, संघर्षशील और चरित्रवान व्यक्ति ही लोक नेतृत्व में सफल होते हैं, यही विल्सन के साथ हुआ। अन्त में वे अमेरिका के लोकप्रिय नेता बन गए। देश ने उन्हें राष्ट्रपति के अति सम्मानीय पद पर प्रतिष्ठित किया।

धीरूभाई अंबानी निर्धनता से छुटकारा पा बने धनवान!

धीरूभाई अंबानी गुजरात के चोरवाड़ गांव में गरीब शिक्षक के यहाँ जन्मे थे। आर्थिक तंगी के कारण वह दसवीं कक्षा तक ही पढ़ पाए। 16 वर्ष की उम्र में नौकरी के लिए अदन गए। वहाँ वे शैल पेट्रोल पम्प पर पेट्रोल भरने का काम करने लगे। 9 वर्ष बाद 1959 में वह स्वदेश लौटे और मात्र 15000 रुपये से उन्होंने अपना व्यापार प्रारंभ किया। और इसके बाद उन्होंने कभी पीछे मुड़कर नहीं देखा। अपनी मेहनत लगन और बुद्धि से रिलायंस कंपनी को देश

की सबसे बड़ी कंपनी बना दी। उनकी मृत्यु के समय 2002 में रिलायंस ग्रुप की सकल संपत्ति 60,000 करोड़ थी। इस प्रकार वे उद्योग जगत के इतिहास पुरुष बन गए। हजारों करोड़ों रुपयों का कारोबार खड़ा करके उन्होंने असंभव को भी संभव कर दिखाया।

धीरुभाई का जीवन वास्तव में कामयाबी की एक ऐसी बड़ी कहानी है, जहाँ एक छोटे से गांव के लड़के ने जीवन के आखिरी दिनों तक ऐसा विशाल साम्राज्य खड़ा किया, जिसने उसे दुनिया के चुनिंदा अमीरों में शामिल कर दिया।

जब वे अदन में शैल कम्पनी के पेट्रोल पम्प पर पेट्रोल भरने का काम करते थे तब उन्होंने यह सपना देखा था कि वे शैल जैसी कंपनी बनायेंगे और उन्होंने अपने सपने को सच कर दिखाया। धीरूभाई अंबानी की जीवनी इस बात की गवाह है कि बड़ी सफलता उन्हीं को मिलती है, जो बड़े सपने देखते हैं।

किसी शायर ने क्या सटीक कहा है -

जो बड़े सपने देखने की हिम्मत रखते हैं
वो ही पूरी दुनिया को जीत सकते हैं
इंतजार करने वालों को उतना ही मिलता है
जितना कोशिश करने वाले छोड़ जाते हैं।

घनश्यामदास बिडला

घनश्यामदास बिडला अपने भाई के साथ एक कमरे के मकान में रहते थे। उसी कमरे में वह सोते थे, खाना बनाते थे, तथा कपड़े धोते थे। बिड़ला पांचवी कक्षा तक पढ़े थे, परंतु उनके मन में आग थी और सफल उद्योगपति बनने का जज्बा था।

बिड़ला ने अपने बिजनेस करियर की शुरुआत जूट ब्रोकर के रूप में की थी। उस जमाने में जूट के व्यवसाय में अंग्रेजों का एकाधिकार था, और बिड़ला इस एकाधिकार को तोड़ना चाहते थे। इस प्रयास में बिड़ला को बहुत

मुश्किलों का सामना करना पड़ा। जूट का व्यवसाय करने के लिए उन्हें बैंकों ने लोन देने से इंकार कर दिया। यही नहीं अच्छी जमीन खरीदने की राह में भी अंग्रेजों ने रोड़े अटकाये, क्योंकि अंग्रेज नहीं चाहते थे कि जूट के व्यवसाय में कोई भारतीय भागीदार बने। लेकिन बिड़ला सारी मुसीबतों से जूझते हुए अपनी मंजिल की तरफ बढ़ते रहे। अपने बिजनेस करियर की शुरुआत शून्य से की थी, और उनकी मृत्यु के समय (1986) बिरला ग्रुप में 200 कंपनियां थी, जिनके पास 2500 करोड़ की संपत्ति थी।

बिडला जी का कथन है - "जीवन दूध के समुद्र की तरह है। आप इसे जितना मथेंगे आपको इससे उतना ही मक्खन मिलेगा।"

अंत में कहा जा सकता है कि हम जितना पुरुषार्थ करेंगे उतनी ही सफलता के भागीदार होंगे। जितना गुड़ डाला जाता है उतनी ही मिठास बढ़ती है। सिंह जब अपने शिकार पर झपटता है तो पहले धनुष की तरह पीछे की ओर तनता है फिर संपूर्ण वेग में उछल जाता है। हमें किसी भी काम को जितना जोर मारेंगे, जितना जुझेंगे उतनी ही हमारी गति तीव्र होगी। जो लोग अपने काम में पूरी शक्ति का उपयोग नहीं करते पूर्ण पुरुषार्थ नहीं करते वे प्रायः असफल रहते हैं।

❍

9.

निर्धनता के नकारात्मक चिंतन को करें अलविदा

निर्धनता का चिंतन करने वाले धनवान नहीं बन सकते, धनवान बनना है तो निर्धनता के विषय में सोचना छोड़ना होगा। वही सोचो जो आप चाहते हो इन शब्दों में एक महान सत्य छिपा है।

- विलियम फॉकनर नोबल पुरस्कार विजेता और प्रख्यात लेखक

हम जैसा सोचते हैं वैसे ही हम बन जाते हैं। हमारा जीवन हमारे विचारों का ही फल है। अपनी आशा से बढ़कर आप कुछ प्राप्त नहीं कर सकते। बहुत से लोग अपनी निराशाओं के कारण ईश्वरीय शक्ति को संकुचित कर लेते हैं। वे यह नहीं जानते कि सदा अपनी निर्धनता, साधनों के अभाव आदि अनगनित निराशाओं की कल्पना करके वे स्वयं अपनी सफलता पर कुठाराघात करते हैं। वे भूल जाते हैं कि इन सब निराशाओं अभावों और निर्धनता की कल्पना करके वे स्वयं अपनी उन्नति के मार्ग में बाधा खड़ी कर रहे हैं।

अपने को दीन-हीन ही दुःखी और निर्धन मान कर रोते रहना, दिन रात चिंता करते रहना मानवता का अपमान और आत्मा का तिरस्कार है। जिस मनुष्य को आत्मा जैसा प्रसाद मिला हो बुद्धि और विवेक जैसा पुरस्कार मिला हो, क्षमताओं और विशेषताओं से भरा सुंदर सुघड़ शरीर मिला हो, वह मनुष्य दीन-हीन कैसे हो सकता हैं?

अपनी परिस्थितियों का रोना रोते रहने वालों का कभी उद्धार नहीं होता। उसके कई कारण हैं। एक तो यह कि अपने मन मस्तिष्क को परिस्थितियों

की प्रतिकूलता को समर्पित कर उसकी चिंता करते रहने से सारी मानसिक क्षमताओं का क्षय होता जाएगा। मनुष्य निर्बल और निकम्मा बन जाएगा। चिंता और निराशा का जन्म होगा। निराशा तो अंधकार होती ही है। अंधेरे में अटकते-भटकते रहने वाले लोग आज तक न उठ पाए हैं और न आगे उठ पाएंगे।

निराशा मानव की सबसे बड़ी दुश्मन

निराशा मानव का सबसे बड़ा शत्रु और ईश्वर का अभिशाप है। मनुष्य की ईश्वरीय शक्तियों के नाश का सबसे बड़ा कारण यही है। इस घातक बीमारी के विष से प्रायः सभी ग्रस्त हैं। यह मनुष्य के तन और मन दोनों पर आक्रमण करती है।

निराशा प्रायः मन से आती है। निर्धनता के लिए सबसे अधिक यही जिम्मेदार है। निर्धनता को लाने वाले निर्धन विचार ही होते हैं। शक तथा भय से भरा मन कोई भी कार्य नहीं कर सकता। निराशावादी मनुष्य की शक्तियां निश्चेष्ट हो जाती हैं, तथा निर्णय शक्ति समाप्त हो जाती है। वह किसी विषय पर विचार नहीं कर पाता, क्योंकि उसकी तर्कशक्ति मंद पड़ जाती है और उत्साह धीमा।

जिस समय आप निराशा के वश में हो जाते हैं, तभी आपकी सभी मानसिक शक्तियां दब जाती हैं, उन्हें पारस्परिक सहयोग नहीं रहता। परिणाम स्वरूप वे कार्य नहीं कर सकती। प्रतिभा कुंद हो जाने से कार्य क्षमता समाप्त हो जाती है। उस समय यदि आप निराशा से छुटकारा नहीं पाते और उसके स्थान पर आशा उत्साह की कल्पना नहीं करते तो आपका जीवन ही बेकार हो जाता है। निराशा का प्रत्येक विचार विनाशकारी होता है। यह मस्तिष्क को अंधकारमय बनाकर ऐसे निर्णय करवाता है कि व्यक्ति निर्धनता की जंजीर में फंसा ही पड़ा रहता है।

क्या यह बात कम दुःख की है कि एक शक्तिशाली और बलवान मनुष्य जो संसार में बड़े-बड़े काम करने के लिए बनाया गया है, इस तरह निराशामय

स्थिति का दास बना रहे? जो व्यक्ति हजारों लोगों को राह दिखाने की शक्ति रखता है, जो सैकड़ों व्यक्तियों को काम पर लगा सकता है, वही इस मानसिक व्यथा रूपी भूत के पंजे में पड़ जाए, क्या यह अफसोस की बात नहीं है? दुनिया में कितने ही लोग ऐसे हैं जो अपनी महत्वाकांक्षाओं के बड़े होने पर भी बहुत कम काम कर पाते हैं इसका क्या कारण है? खोजने की आवश्यकता है।

वास्तव में बात यह है कि आप संकीर्णता छोड़कर व्यापक दृष्टि से देखना सीखेंगे तो आपको पता चलेगा कि अमुख वस्तु तो आपको स्वयं खोज रही थी, जिसे खोजने में आप संलग्न है और इस प्रकार वह वस्तु विशेष आपको आधे रास्ते में ही प्राप्त हो जाएगी।

आप एक बात का ध्यान रखिए कि कभी भी वह न सोचे कि आपके पास अमुख वस्तु नहीं है, अथवा आप वह कभी नहीं कर सकते जो दूसरे करते हैं। क्योंकि ऐसा करने से आपका भविष्य अंधकारमय हो जाता है। आपको चाहिए कि आप अपने अंदर से अपूर्णता के भाव और निर्धनता के विचार दूर निकाल फेंके क्योंकि जब तक आप इन विचारों से ग्रस्त रहेंगे तब तक आपकी आत्मशक्ति छिपी रहेगी और आप अपने इच्छित वस्तुओं की प्राप्ति में असमर्थता महसूस करते रहेंगे। आपकी कठिनाई कभी भी दूर न हो सकेगी। इसके लिए आपको अपने मानसिक भावों को उस सत्य के समान बनाना होगा जिसे आप खोज रहे हैं। क्योंकि समृद्धि के भाव पहले मन में ही पैदा होते ही उसके पश्चात ही बाहर वातावरण में फैलते हैं। मन में निर्धनता के भाव रखते हुए आप समृद्धि की चेष्टा करें, यह तो आपकी भूल नहीं तो और क्या है?

अभावों और विषमताओं का रोना

अपने अभावों और निर्धनता पर रोते रहने के अभ्यासी लोगों का अपने पर से ही नहीं परमात्मा पर से विश्वास उठ जाता है। वह सोचता है कि परमात्मा बड़ा अन्यायी और क्रूर है। उसने हमें यह परिस्थिति देकर अन्याय

किया है। हमारे भाग में निर्धनता और दरिद्रता लिखकर अपनी क्रूरता का परिचय दिया है। ऐसे निर्दयी और अन्यायी परमात्मा पर विश्वास करना, उनकी पूजा उपासना करना व्यर्थ है।

हीनमना व्यक्ति इस प्रकार निराश होकर जीवन का एक बहुत बड़ा संबल और धैर्य का एक बड़ा आधार खो देता है। ऐसा करके वह उस सर्वशक्तिमान का तो कुछ बिगाड़ नहीं पाता केवल अपना ही आत्मिक विनाश कर लेता है।

अपने को दीन-हीन मानकर निराश और चिंतित रहने का कोई कारण मनुष्य के पास नहीं है, सिवाय इसके की यह उसकी अपनी मनोहीनता ही होती है। अधिकांश निर्धन और साधनहीन मनुष्य यह मानते रहते हैं कि भाग्यदेवता के लाडले पुत्रों को जो सभी संसाधन और उत्तम पदार्थ मिले हुए हैं, हम उनके अधिकारी नहीं हो सकते। अपने व्यक्तित्व को छोटा समझने अथवा अपने को हीन समझने की यह मनोशक्ति उसको कैसा निर्बल बनाती है, इससे वे अपने व्यक्तित्व पर पूरा भरोसा नहीं रखते, उससे वे पूरी आशा नहीं रखते, पूरी मांग उपस्थित नहीं करते। अगर आप एक बौने का ही अभिनय करते रहे तो आप भीमसेन कभी नहीं बन सकते। प्रकृति का कोई ऐसा नियम नहीं है, जिसके आधार पर बौनापन का विचार करते रहने से भीमसेन की उत्पत्ति हो सके, जैसा आदर्श विचार होता है वैसे ही प्रतिमा भी बनती है। मन में जैसा विचार होता है वही मनुष्य का आदर्श होता है। बहुत लोगों को आरंभ से यही सिखाया गया है कि दुनिया की सर्वोत्तम वस्तुएं उनके लिए पैदा नहीं की गई हैं। इसके लिए उन लोगों के दिमाग में बचपन से ही यह बात बैठ गई है वे घटिया श्रेणी के हैं। इसका परिणाम यह होता है कि अनेक स्त्री पुरुष जो बड़े काम कर सकने की शक्ति रखते हैं छोटे-छोटे मामूली कामों में ही जीवन बिता देते हैं।

कुछ लोगों का ऐसा विश्वास है कि दुनिया में कुछ लोगों को निर्धन या गरीब ही होना चाहिए। पर यदि उनसे पूछा जाए कि ईश्वर ने मनुष्य के लिए जो ढांचा बनाया है, क्या उनमें गरीबी दरिद्रता अथवा न्यूनता के लिए कोई स्थान

है? हमारे स्पष्ट विचार है कि पृथ्वी पर गरीब मनुष्य होना ही नहीं चाहिए। परमपिता परमेश्वर के भंडार में समृद्धि विपुल मात्रा में भरी पड़ी है। पर आश्चर्य कि हम समृद्धि के भंडार में रहने पर भी निर्धन या गरीब हैं। इसका कारण है हमारे क्षुद्र और संकीर्ण विचार।

इससे यह सिद्ध होता है कि विचार ही हमारे चरित्र को संगठित करते हैं। यदि आप भयपूर्ण और दरिद्रता से पूर्ण विचारों से घिरे रहेंगे तो ऐसे विचार आपके जीवन में घर बना लेंगे और उनका भयंकर प्रभाव यह होगा कि आप सदा निर्धन और लाचार ही बने रहेंगे। परमात्मा कभी यह नहीं चाहता है कि आप हमेशा उदरपूर्ति के निर्वाह के लिए ही अपना समय नष्ट करते रहें, और जीवन के सुधार का आपको कभी अवसर भी न मिले। जीवन आपको इसलिए नहीं मिला कि आप अपूर्ण व दरिद्र रहें। आपकी सबसे बड़ी अभिलाषा यह होना चाहिए कि आप अपने जीवन को सुंदर और ऐश्वर्यशाली बनाएं और अपना अधिकाधिक समय मानवीय गुणों को संगठित करने में व्यतीत करें। आप यकीन मानिए इससे आपको सुख समृद्धि प्राप्त करने में अवश्य ही सफलता प्राप्त होगी। इस प्रकार के निश्चय से निर्धनता की जंजीर तोड़ने में कामयाब हो सकेंगे।

पहचाने अपनी योग्यता और क्षमता

एक बार एक निर्धन स्त्री को अपना गांव छोड़ नगर में आकर बसना पड़ा। नये घर में आकर उसके आश्चर्य का ठिकाना न रहा क्योंकि वहाँ रोशनी के लिए बिजली के बल्ब लग रहे थे। उसने पहले उन्हें देखा सुना न था। गाँव के लैंप से तो वह कई गुना अधिक रोशनी दे रहे थे।

कुछ दिनों बाद एक आदमी बिजली के बड़े बल्व बेचता वहाँ आया। साठ वाट का बल्व लगाकर उसने बटन दबाया तो इतना अधिक प्रकाश देखकर वह आश्चर्यचकित रह गई। उसके सामने यह जादू का चमत्कार था कि इतने छोटे से बल्व में से इतनी चुंधियान वाली रोशनी निकले मानो सूर्य ही जगमगा रहा हो। उसके लिए तो यह सोचना भी असंभव था कि अद्भुत सूर्य का प्रकाश

उसी करेंट से आया है जिससे पहले वह छोटा बल्व जलाया करती थी।

हम इस स्त्री के अज्ञान पर हंसते हैं। किंतु हमने हममें से अधिकांश अपनी शक्तियों के बारे में उतने ही अनजान हैं जितना वह स्त्री बिजली की शक्ति से थी। उसकी तरह हम भी अपनी अपार शक्ति में से छोटे से बल्व का ही प्रयोग कर जीवन के अमूल्य दिन गवा देते हैं। कभी सोचते ही नहीं कि हमारे भीतर की इस शक्ति में छोटे से बल्व से सौ गुना अधिक प्रकाश छिपा पड़ा है। हम कल्पना भी नहीं करते हैं कि हमारे अंदर योग्यताओं और शक्तियों का सागर लहरा रहा है। जिसमें अनगिनत रत्न छिपे हुए हैं। बस एक बार उस सागर में डुबकी लगाने की आवश्यकता है क्षणभर में ही समृद्धि का मोती हमें मिल जाएगा। हम स्वयं ही अपनी सफलता की सीमाएं बांधते हैं, स्वयं ही अपनी समृद्धि को ठोकर लगाते हैं, क्योंकि इस अपार सागर से हम कुछ बूंदे ही लेते हैं। उस विद्युत स्त्रोत से केवल छोटे बल्व की रोशनी ही लेते हैं इसलिए जीवन की समृद्धि अधूरी रह जाती है।

सुप्रसिद्ध चिंतक स्वेट मार्डेन ने भी यही तथ्य अपने समूचे चिंतन में बताया है कि प्रकृति ने मनुष्य को अभावमयी निष्कर्ष जीवन जीने के लिए नहीं बनाया है। मनुष्य सर्वश्रेष्ठ जीवन यापन कर सकें यह प्रकृति चाहती है। मनुष्य अपने स्तरहीन चिंतन आचरण से स्वयं को अधम बना लेता है, निम्नतम स्तर पर जा पहुंचता है तब प्रकृति भी क्या करें। परमात्मा स्वयं कभी नहीं चाहता कि उसके पुत्र अभावमयी, निर्धन और दुःखी जीवन जिएं। अकर्मण्य, विलासी मनुष्य न केवल अपनी क्षमता पहचान पाता है, न उसका उपयोग कर सकता है और कुछ लाभ उठा पाना तो संभव ही नहीं।

अमीर और निर्धन होना आपके मस्तिष्क की दो अवस्थाएं हैं। इसलिए सबसे पहले अपने मस्तिष्क की अवस्था का पता लगाएं क्योंकि निर्धन आदमी हमेशा अपनी निर्धनता और अभाव के बारे में सोचता है। जबकि अमीर आदमी दौलत और समृद्धि के बारे में सोचता है, लेकिन आप किस बारे में सोचते हैं?

गरीबी क्या है? कौन है गरीब?

गरीब वह नहीं है। जिसके पास जायदाद न हो या थोड़ी हो। गरीब वह है, जिसके विचार गरीब हैं, जिसकी भावना में गरीबी दीख पड़ती है, जो गुण ग्राहक नहीं है और जो अपनी आत्मा का पतन कर रहा है। मानसिक दरिद्रता का नाम ही आर्थिक गरीबी है।

गरीबी उस व्यक्ति की तरफ आकर्षित होती है, जिसका मस्तिष्क इसके प्रति अनुकूल होता है और धन ऐसे व्यक्ति की तरफ आकर्षित होता है जिसका मस्तिष्क इसे आकर्षित करने के लिए पूरी तरह तैयार होता है। जिसके दिमाग में धन की चेतना नहीं होती, गरीबी की चेतना उस दिमाग को अपने आप जकड़ लेती है।

उफ! यह कलमुही गरीबी भी कितनी जालिम है। कैसी सिर पर चढ़कर बोलती है।

उफ! यह कलमुही गरीबी भी कितनी जालिम है। कैसी सिर चढ़कर बोलती है, जिसके पीछे पड़ गई तो फिर उसकी कमर ही तोड़ डालती है। हाय! भूख से कैसे बिलबिलाते रहते हैं उनके बच्चे! और माँ चौबीसों घंटे काम-काम, बच्चों के खातिर मशीन की तरह करना ही पड़ता है, फिर भी यह शैतान पेट भरने का नाम नहीं लेता। पिता कठिन परिश्रम करके भी जब आर्थिक दशा सुधार नहीं पाता तो लाचार होकर परिस्थितियों से समझौता कर लेता है। और चारा भी क्या? समझौता न करें, तो क्या करें? हे भगवान आपकी सृष्टि और हमारे भाग्य में यह विषमता कब तक चलती रहेगी।

गरीबी एक मानसिक रोग है। यदि आप इससे पीड़ित हैं तो बदल डालिए अपने मनोभावों को, अपने विचारों को और फिर आप देखेंगे कि आपका सुधार हो रहा है और आप आशातीत रूप से संपन्नता की ओर बढ़ रहे हैं।

जिस पर हम दृढ़ता पूर्वक विश्वास करते हैं, वह हमें अवश्य ही प्राप्त होता है। ऐसा उत्पादक शक्ति का नियम है। उदाहरण के लिए यदि आप सोचते हैं कि आप एक धन संपन्न व्यक्ति होंगे, समाज में आपकी प्रतिष्ठा होगी और ऐसा

सोचते हुए आप प्रयत्न करना शुरू करते हैं तो आप में एक अलौकिक शक्ति पैदा होगी जो आपके मनोरथों को सफल कर सकती है।

एक सच्ची घटना, जिससे हमें सबक लेना चाहिए - निर्धनता की समस्या में ही न उलझे रहें, समाधान सोचें।

एक पढ़ा-लिखा अनुभवी आदमी एक बार कार से यात्रा कर रहा था। दिन के दोपहर में सुनसान जगह पर एक पुल पार करते समय पुल के बीचो-बीच उसके कार का एक पहिया पंचर हो गया। वह कार से उतरा अपनी स्टैपनी निकाली और पंचर पहिये को खोला। उसी समय खोले गए पहिये के चारों नट पुल से नीचे पानी में गिर गए। वह बहुत चिंतित हो गया क्योंकि दूर-दूर तक कोई मैकेनिक की दुकान नहीं थी। वह बहुत ही हताश निराश यह सोचने लगा कि अब घर कैसे पहुंचेंगे। पसीने से तर उसे कुछ सूझ नहीं रहा था, तब तक उधर से गुजरता एक किसान दिखाई दिया। कार मालिक ने किसान से जानकारी ली, कि आस-पास कोई मैकेनिक उपलब्ध है कि नहीं। किसान ने बताया कि यहाँ से दस किलोमीटर दूर एक दुकान है, जहाँ पहिये का नट मिल सकता है। आदमी सोचने लगा कि दस किलोमीटर दूर जाएंगे कैसे? तब तक किसान ने कहा कि कहो तो कार वहाँ तक ले जाने का कुछ उपाय बतायें। वह पढ़ा लिखा आदमी मुस्कुराने लगा और कहा कि इस स्टेपनी के लिए जब तक नट न मिल जाए तब तक कार कैसे जाएगी? किसान बोला की जा सकती है, कहो तो उपाय बतायें। हार मानकर आदमी बोला अच्छा ठीक है बताओ।

किसान आदमी बोला कि "तुम कार के तीनों पहियों से एक-एक नट खोलकर स्टेपनी वाले पहिये में लगा लो और मैकेनिक के दुकान तक धीरे-धीरे पहुंच जाओ।" कार वाला आदमी भौचक्का रह गया। उसने किसान से पूछा कि "हम इतने परेशान थे और उपाय नहीं ढूंढ पा रहे थे, और तुमने इतनी आसानी से कैसे हल कर दिया... ?"

किसान ने बहुत सुंदर जवाब दिया, इससे बहुत बड़ी सीख मिलती है...

किसान बोला "कार पंचर होने के बाद आप केवल समस्या के बारे में सोच रहे थे, आपका दिमाग केवल समस्या पर केंद्रित था जबकि मैं समस्या

के समाधान के बारे में सोच रहा था। यही हम दोनों के सोचने में अंतर था। अतः निर्धनता की समस्या की सोच में ही न उलझे रहें, उसके समाधान की सोचे, समाधान जरूर मिलेगा।

संपन्नता के स्वप्न लोक में भ्रमण कीजिए

आपका जीवन यदि असफलताओं के बादलों से घिरा हुआ है और भविष्य अंधकार भरा दिखाई देता है तो तनिक भी चिंता न कीजिए। अपनी इच्छा पर दृढ़ रहिए उसके लिए प्रयत्न कीजिए और आप उसे अवश्य पा लेंगे। सदा अपनी सफलता के विचारों में डूबे रहिए अपनों को उस भावी स्वप्न लोक से संपन्नता में बैठे हुए देखिए। निर्धनता का विचार भी अपने पास मैं फटकने भी न दीजिए। आप देखेंगे कि सदा संपन्नता की ही अभिलाषा करते हुए एक दिन आप उसे सचमुच उसे पा लेंगे।

जीवन में संपन्नता उन्हीं व्यक्तियों को प्राप्त हुई है जो मन में उससे पहले प्राप्त कर चुके हैं। जिन्होंने जीवन के स्वप्न को सच किया वे पहले अपने मन में सच कर चुके थे। उनकी सफलता का रहस्य भी इसी में था। यदि हम अपने स्वप्न को साकार करना चाहते हैं तो हमें यही रास्ता अपनाना होगा। हमारा संपन्नता का स्वप्न ही वास्तविक संपन्नता का द्वार खोलेगा।

नजरें बदलें - नजरिया बदल जाएगा

नेगेटिव सोच नाश की जड़ है, अतः हमें अपनी सोच बदल कर पॉजिटिव करनी होगी तभी हम जीवन को रचनात्मक दिशा में आगे बढ़ा सकेंगे। कोई भी धन और ऐश्वर्य लेकर नहीं जन्मता, इच्छाशक्ति, कर्म और श्रम से ही इस पृथ्वी पर लोग धनवान बनते हैं। हर व्यक्ति के जीवन में कभी न कभी एक सुनहरा अवसर आता है, जो सजग होता है, जिसकी आंखें खुली हों तथा जो दिमाग का बेहतर इस्तेमाल करना जानता है, वह इस अवसर को कभी नहीं चूकता, अवसर को न चूकने वाला व्यक्ति न तो शॉर्टकट खोजता है और न ही धैर्य खोता है। वह तो अपने आत्मविश्वास के साथ परिश्रम करता है, और फिर एक दिन धनवानों की श्रेणी में खड़ा हो जाता है जैसा कि आप जानते हैं कि

अमेरिका में एक गरीब किसान के बेटे हेनरी फोर्ड ने अपना जीवन साइकिल में पंक्चर लगाने से शुरू करके, एक विशालतम कार फैक्ट्री की स्थापना की और विश्व में सर्वाधिक धनवान व्यक्ति बन गए थे। धनार्जन के लिए सही सोच व अथक श्रम की विशेष दरकार होती है, न कि केवल भाग्य की।

अतः आप स्वयं को कभी निर्धन न समझें, अपने अंदर की छुपी हुई क्षमता को पहचाने और उस पर पूरा भरोसा रखें, अपने स्वाभिमान को जागृत करें फिर कर्मठता का आह्वान करें और आत्मविश्वास के साथ उन्नति के शिखर पर पहुंचने के लिए धैर्य पूर्वक कर्मशील बने रहें।

याद रखें ...

यदि आप कहते हैं कि 'मैं निर्धन हूँ' तो आप यह मान लें कि किसी और ने आपको निर्धन नहीं बनाया है, बल्कि निर्धनता का जामा आपने स्वयं ही ओढ़ लिया है। आपके मस्तिष्क में केवल निषेधात्मक विचार ही उथल-पुथल मचाते हैं, जिसके कारण आप आत्मसम्मान, आत्मविश्वास और आत्म निर्भरता को आघात पहुंचाते हैं अतः आप अपने मन से दरिद्रता (अर्थात हीन भावना) का परित्याग कर दें और अपनी क्षमताओं को पहचानकर आगे बढ़े।

घर की सफाई के साथ ही करें मन की सफाई

दीपावली के लक्ष्मी पूजन के अवसर पर आप घर झाड़ते, लीपते, पोतते, सजाते हैं। नई-नई तस्वीरें, कलात्मक वस्तुओं से घर को चित्रित करते हैं, अपने शरीर पर सुंदर वस्त्र और आभूषण धारण करते हैं। इसी भांति मानसिक पूजा भी किया कीजिए। अर्थात मन के कोने-कोने से निर्धनता, क्षुद्रता, संकुचित ऋण के जाले विवेक की झाड़ू से साफ कर दीजिए। मानसिक पटल को आशावादीता की सफेदी से पोत लीजिए। मानसिक घर में आनंद आशा, उत्साह, प्रशंसा, हास्य खुश मिजाजी के मनोरम चित्र लगा लीजिए। फिर श्रम और मितव्ययता के नियमों के अनुसार लक्ष्मी देवी की साधना कीजिए। निर्धनता आपसे दूर होगी और आर्थिक सफलता आपकी होगी। सब विधाओं में शिरामणी वह विद्या है, जो हमें नकारात्मक और निकृष्ट विचारों से मन को साफ करना सिखाती है।

निर्धनता की जंजीरों से मुक्ति कैसे ?

क्या आप दरिद्रता की जंजीरों में जकड़े हुए हैं? और अपने को उससे मुक्त होने में असहाय समझते हैं? कदाचित आप अपने दुर्भाग्य पर रोते होंगे और इन दुःखद परिस्थितियों के लिए भाग्य को ईश्वर को या अन्य मनुष्यों को दोषी ठहराते होंगे। आप सोचते होंगे कि ईश्वर और उसका संसार कितना अन्यायी है, जो किसी को विपुल संपदा देता है और किसी को दरिद्रता में आंसू बहाने के लिए छोड़ देता है।

यदि आप ऐसी बातें सोचते हैं तो निसंदेह एक बड़ी भूल करते हैं। आपकी दरिद्रता या विपत्ति का कारण उनमें से एक भी नहीं है, जिन्हें की आप दोष दे रहे हैं। रोना, कोसना छोड़िए विचार पूर्वक देखिए इन अप्रिय परिस्थितियों के बीज आपके अंदर छिपे हुए हैं। दूसरों को दोष देना और कायरों की तरह रोना, घबराना यह बातें प्रमाणित करती हैं कि आपको दरिद्रता में ही पड़ा रहना चाहिए, और उससे भी अधिक दुःख भोगना चाहिए जितना कि इस समय भोग रहे हैं। आत्मविश्वास और अपने ऊपर भरोसा रखना, बढ़ने के लिए प्रयत्न करना वे गुण है जो हर उन्नतिशील मनुष्य में होते हैं। चिंता करना, दुःखी रहना, दूसरों को दोष देना, यह एक प्रकार के आत्मसंहार है, क्या कोई भी आत्महत्यारा दुःख के अंधकार को हटाकर सुख का प्रकाश प्राप्त करने में अब तक समर्थ हुआ है?

उठो, दरिद्रता के विचारों को हटाकर एक तरफ फेंक दो। मत सोचो कि हम गरीब रहने के लिए पैदा हुए हैं। अपने दिल को अमीर बनाओ फिर बाहर की परिस्थितियां बदलने में भी देर न लगेगी। विश्वास करो कि हमारे पास जितनी कुछ योग्यता है, उसी का अच्छे से अच्छा उपयोग कर सकते हैं। छोटे कामों की अपेक्षा करके बड़े काम प्राप्त नहीं किए जा सकते हैं, इसलिए यदि उत्तम स्थिति चाहते हो तो वर्तमान स्थिति का सबसे अच्छा उपयोग करके यह साबित कर दो कि हम बड़ी संपदा के अधिकारी हैं।

❍

10.

संकल्प शक्ति जाने स्वयं को पहचाने और तोड़े निर्धनता की जंजीर

संकल्प शक्ति के रूप में मनुष्य को मिला वरदान इतना सामर्थ्यवान है कि भौतिक अथवा आत्मिक किसी भी क्षेत्र में प्रगति के मार्ग में आने वाली प्रत्येक बाधा को पैरों तले रौंदकर आगे बढ़ता तथा सफलताओं को अपने कदमों में बिछा देख सकता हैं।

- स्वेट मार्डन

निर्धनता से मुक्ति पाना यह मेरा संकल्प है। इसका अर्थ है कि अब मैं इस कार्य में प्राण, मन और समग्र शक्ति के साथ संलग्न हो रहा हूँ। इस प्रकार की विचारणा दृढ़ता ही सफलता की जननी है। संकल्प तप कर्मशक्ति का विधायक है। इसी में अनेक सिद्धियां और वरदान समाहित हैं।

जिन विचारों का मनोभूमि में स्थाई प्रभाव पड़ता है और जिनसे अंतःकरण में अमिट छाप पड़ती है वह पुनरावृत्ति के कारण स्वभाव के एक अंग बन जाते हैं। ऐसे विचारों का अपना एक विशेष महत्व होता है। इन विचारों को क्रमबद्ध रीति से सजाने की क्रिया जिन्हें ज्ञात होती है, वे अपना भाग्य, दृष्टिकोण और वातावरण परिवर्तित कर सकते हैं और इस परिवर्तन के फलस्वरूप जीवन में कोई विशेष दृश्य या स्थिति उत्पन्न कर सकते हैं।

आवश्यकता को आविष्कार की जननी कहा जाता है। जब किसी बात की तीव्र इच्छा होती है तो उसे पूर्ण करने के लिए साधनों की तलाश आरंभ होती है, अतः कोई न कोई उपाय भी निकल ही आता है। वह इच्छा यदि

प्रेरक है, उसे पूरा करने की भूख यदि भीतर से उठी है, और उसके पीछे प्राण और जीवन लगा हुआ है कि "मैं इस वस्तु को प्राप्त करके रहूँगा, चाहें कितनी ही बाधाएँ क्यों न आएँ। प्रयत्न निरंतर जारी रखूँगा, चाहें कितने ही निराश करने वाले अवसर क्यों न आएं, इस प्रकार के संकल्प कि यदि मन में गहरी और सुदृढ़ स्थापना हो जाए तो लक्ष्य तक पहुंचना बहुत सरल हो जाता है। दूसरे के लिए कठिन जान पढ़ने वाला कार्य भी संकल्पवान के लिए सामान्य क्रिया से अधिक नहीं रह जाता।

निरन्तर आगे बढ़ते रहने के लिए निरन्तर नई शक्ति प्राप्त करते रहना भी आवश्यक है। उन्नति का क्रम टूटना नहीं चाहिए, आगे बढ़ने से रुकना या हिचकिचाना नहीं चाहिए, पर यह तभी संभव है, जब हमारा संकल्प, हमारा उद्देश्य अटूट साहस, श्रद्धा एवं शक्ति से ओतप्रोत हो। आधे मन से, उदासीन होकर कार्य करने वाला अनमयस्क कहा जाता है। उसे कोई विशेष सफलता मिल ही नहीं पाती।

"अगर मुझे अमुख सुविधाएं मिलती तो मैं ऐसा करता।" इस प्रकार कोरी कल्पना गढ़ने वाले आत्मप्रवंचना किया करते हैं। भाग्य दूसरों के सहारे विकसित नहीं होता। आपका भार ढोने के लिए संसार में कोई दूसरा तैयार न होगा। हम यह यात्रा अपने पैरों से ही पूरी कर सकते हैं। दूसरे का अवलंबन लेंगे तो हमारा जीवन कठिन हो जाएगा। हमारे भीतर जो एक महान चेतना कार्य कर रही है, उसकी शक्ति अनंत है। उसका आश्रय ग्रहण करें तो प्रत्यक्ष आत्मविश्वास जाग जाएगा। तब तुम दूसरों के भरोसे भी नहीं रहोगे।

संकल्प का दूसरा रूप है - आत्मविश्वास। वह जागृत हो जाए तो अपना विकास तेजी से अपने आप पूरा कर सकेंगे। आज हम जैसे कुछ हैं अपने जीवन को जिस स्थिति में रखे हुए हैं, अपने निजी विचारों के परिणाम है। जैसे विचार होंगे, भविष्य का निर्माण भी उसी तरह ही होगा। अनमयस्कता, उदासीनता और मुर्दादिली को छोड़कर ऊंचे उठने की कल्पना मनःक्षेत्र को सचेत करती है। इससे साहस, शौर्य, कर्मठता, उत्पादन शक्ति, निपुणता आदि गुणों का आविर्भाव होता है। इन गुणों में शक्तियों का वह स्त्रोत छिपा

हुआ है, जिससे संतोष, सुख और आनंद का प्रतिक्षण रसास्वादन किया जा सकता है। निकृष्टता मनुष्यों में दुर्गुण पैदा करती है, जिससे चारों ओर से कष्ट और क्लेश के परिणाम ही दिखाई दे सकते हैं। संकल्प को इसलिए जीवन की उत्कृष्टता का मंत्र समझना चाहिए। उसका प्रयोग मनुष्य जीवन के गुणों के विकास के लिए होना चाहिए।

अपने को असमर्थ, अशक्त एवं असहाय मत समझिए। साधनों के अभाव में किस प्रकार आगे बढ़ सकेंगे ऐसे कमजोर विचारों का परित्याग कर दीजिए। स्मरण रखिए शक्ति का स्त्रोत साधनों में नहीं संकल्प में है। यदि उन्नति करने की, आगे बढ़ने की इच्छाएं तीव्र हो रही होंगी तो आपको जिन साधनों का आज अभाव दिखलाई पड़ता है, कल वे निश्चय ही दूर हुए दिखाई देंगे। दृढ़ संकल्प से अल्प साधनों में भी मनुष्य अधिकतम विकास कर सकता है और मस्ती का जीवन बिता सकता है। दीपक कब कहता है कि वह दस किलो मिट्टी का बना होता और उसमें दस किलो तेल होता तो सबको प्रकाश देता। अपने सीमित साधनों से ही प्रकाश देने लगता है।

उन्नति की आकांक्षा रखना मनुष्य का स्वाभाविक गुण है। उसे आगे बढ़ना भी चाहिए, पर यह तभी संभव है जब मनुष्य का संकल्प बल जागृत हो। संकल्प के द्वारा प्रत्येक मनुष्य सफलता प्राप्त कर सकता है। एक व्यक्ति था जो अपनी पत्नी द्वारा 'महामूर्ख' कहा गया, बुरी तरह तिरस्कृत और लांछित हुआ। बात उसके गुप्त मन में लग गई। उसे बड़ा बुरा लगा। उसने पत्नी को छोड़ा और बड़ी आयु में विद्या अध्ययन में लग गया। दीर्घकाल के अभ्यास और अटल संकल्प के बल से वह संस्कृत का महाकवि कालिदास बना। समग्र भारत उसकी प्रतिभा और विद्या से चमत्कृत हो उठा। उसके गुप्त मन में काव्यशक्ति का वृहद भंडार छिपा हुआ था।

एक डाकू था, जिसकी जीविका का उपार्जन मुसाफिरों को लूटने और हत्याएं करने से चलता था। एक दिन एक मुनि उसकी पकड़ में आ गए। उसने उन्हें भी मारना चाहा, पर उन्होंने विनीत भाव से उससे कहा - "जिन व्यक्तियों के पालने के लिए तुम इतने व्यक्तियों की हत्या का पाप अपने ऊपर ले रहे हो

क्या वे तुम्हारे इस पाप में हिस्सेदार बनेंगे? जाओ और अपने परिवार वालों से पूछो।" डाकू चला गया। उसने यह बात पूछी, लेकिन उनका उत्तर सुनते ही उसका चेहरा उतर गया। उनका उत्तर था - "हम तुम्हारे आश्रित हैं। पाप पुण्य से हमें क्या प्रयोजन?" उसे ज्ञान हुआ। वह बदलकर महर्षि वाल्मीकि बन गया। उसकी गुप्त शक्तियां यकायक खुल गईं। उन्होंने संसार को अपनी बुद्धि से चमत्कृत कर दिया। इसी प्रकार न जाने कितने महान पुरुष हुए हैं, जिन्हें किसी मानसिक आघात लगने से अपने गुप्त मन में सोई पड़ी गुप्त शक्तियों का ज्ञान हुआ, उनका जीवन पृष्ठ बदला और वे अपने गुणों से संसार को चमत्कृत-विस्मित कर गए।

मन में किसी प्रकार का अशुभ संकल्प या विचार मत आने दीजिए। दूसरे के अशुभ या विरोधी विचारों को ग्रहण न करने से वे पुनः वापस भेजने वाले के पास लौट जाते हैं और उसी को हानि पहुंचाते हैं। संकल्पों की पवित्रता मनुष्य के समग्र जीवन को पवित्र और तृप्त बनाने वाली है। थाली में परोसी रोटी से भी जब तक ग्रास तोड़ने और चबाने का पुरुषार्थ न किया जाए, पेट में अपने आप नहीं पहुंचती। जब प्रगति के पथ पर संकल्पपूर्वक बढ़ा जाता है तो प्रतिकूलता अनुकूलता में बदलती है और अंधेरे में प्रकाश उत्पन्न होता है। आरंभ में जो मंजिल बहुत कठिन लगती थी, वह उतनी ही सरल होती चली जाती है।

जीवन निर्माण के प्रत्येक क्षेत्र में संकल्पशक्ति को विशिष्ट स्थान मिला है। सब इच्छाएं संकल्प की सीमा का स्पर्श नहीं कर पाती। उनमें पूर्ति का बल नहीं होता, अतः वे निर्जीव मानी जाती है, किंतु वे इच्छाएं बुद्धि, विचार और दृढ़ भावना द्वारा जब परिष्कृत हो जाती है तो संकल्प बन जाती है। ध्येय सिद्धि के लिए इच्छा की अपेक्षा संकल्प में अधिक शक्ति होती है। संकल्प उस दुर्ग के समान है, जो भयंकर व्यवधान, दुर्बल एवं डांवाडोल परिस्थितियों से भी रक्षा करता है और सफलता के द्वार तक पहुंचाने में मदद करता है।

दृढ़ संकल्प में मनुष्य की बुद्धि स्थिर और शरीर क्रियाशील बना रहना चाहिए। यदि हमारा मन बलवान है और कार्य करने की लगन है तो कोई

अशुभ या अवरोध सफलता के रास्ते में अपना प्रभाव नहीं डाल सकता। अपने मन को तूफानी आघातों से भीषण गर्मी, बरसात, ओलों के बीच अडिग, अटूट रहने वाली चट्टान की तरह बना लें, तो परिस्थितियां और सांसारिक अड़चनें आपका कुछ भी बिगाड़ नहीं सकेंगी।

यह सच है कि संकल्प के अभाव में शक्ति का कोई महत्व और मूल्य नहीं है, उसी प्रकार यह भी सच है कि शक्ति के अभाव में संकल्प भी पूरे नहीं होते। केवल संकल्प करते रहने वाला निरुद्यमी व्यक्ति उस आलसी व्यक्ति की तरह कहा जाएगा, जो अपने पास गिरे हुए आम को मुंह में रखने की कोशिश नहीं करता और इच्छा मात्र से आम का स्वाद ले लेने की आकांक्षा करता है।

संकल्प के साथ शक्ति को संयुक्त करना एक कला है और इसमें बहुत थोड़े लोग ही पारंगत हो पाते हैं। इसका कारण है, परिश्रम और प्रयासों के प्रति निरपेक्ष बने रहना। सच्चाई यह है कि केवल वही इच्छाएं पूरी होती हैं, जिनके साथ सशक्त प्रयास भी जुड़े हों। यहाँ शक्ति का अर्थ उद्देश्य के प्रति दृढ़ निष्ठा, उसे पूरा करने के लिए आवश्यक बाधाओं से संघर्ष का मनोबल और साहस है। इनके बिना संकल्प कभी भी शक्ति नहीं बन पाते। उसके अनुसार मन के लड्डू भले ही तोड़े जाते रहे।

"जिनके संकल्प दृढ़ होते हैं, वे आधी लड़ाई तो काम शुरू करने के पूर्व ही जीत लेते हैं, क्योंकि संकल्प के प्रति दृढ़ता आपके लक्ष्य सदैव सामने बनाए रखेगी और रास्ते में जितनी बाधाएँ आयेंगी उनसे जूझने की शक्ति देगी।"

'निर्धनता मुक्ति लक्ष्य' न ओझल होने पाए, तू कदम मिलाकर चल।
कामयाबी तेरे कदम जरूर चूमेगी, आज नहीं तो कल।।

संकल्प मानव की सबसे बड़ी शक्ति

कहा जाता है कि एक बार भगवान बुद्ध अपने शिष्य के साथ जंगल में जा रहे थे। रास्ते में पत्थर की एक बड़ी चट्टान देखकर शिष्य ने बुद्ध से पूछा भगवन ! क्या इस चट्टान पर किसी का शासन संभव है ? भगवान बुद्ध ने शिष्य की जिज्ञासा को शांत करते हुए कहा कि पत्थर से कई गुना शक्ति लोहे में होती है। इसलिए लोहा पत्थर को तोड़कर टुकड़े-टुकड़े कर देता है, तो फिर लोहे

से भी कोई वस्तु श्रेष्ठ होगी- शिष्य ने प्रश्न किया। क्यों नहीं? अग्नि है। जो लोहे के अहं को गलाकर द्रव्य रूप में बदल देती है। शिष्य ने पूछा, अग्नि की विकराल लपटों के सम्मुख किसी की क्या चल सकती होगी। केवल जल है, जो उसकी उष्णता को शीतल कर देता है, बुद्ध ने कहा। पुनः शिष्य ने पूछा- जल से टकराने की ताकत किसमें होगी? भगवान बुद्ध शिष्य से बोले- ऐसा क्यों सोचते हो वत्स! इस संसार में एक से एक शक्तिशाली है। वायु का प्रवाह जलधारा की दिशा बदल देता है। संसार का प्रत्येक प्राणी वायु के महत्व को जानता है। शिष्य बोला जब वायु ही जीवन है, फिर इससे अधिक महत्वपूर्ण वस्तु क्या होगी? भगवान ने हंसते हुए शिष्य को जवाब दिया- मनुष्य की संकल्प शक्ति जिसके द्वारा वायु भी वश में हो जाती है। मानव की यह शक्ति ही सबसे बड़ी है।

संकल्प शक्ति के बारे में मुनि तरुणसागरजी के विचार -

संकल्प ही वह शक्ति है जो
कल्प को कण और पल्य को पल बना देती है।
संकल्पी के लिए कोई भी मंजिल हजारों कि.मी.
दूर नहीं होती, बल्कि उसकी मंजिल
उसके कदमों तले होती है।
संकल्प ही सफलता का मूल मंत्र है।
विकल्प तभी तक है जब तक संकल्प नहीं है।
संकल्प कर लो विकल्प अपने आप खत्म हो जाएंगे।
फूल में महक है, तो व्यक्तित्व में चमक है।
संकल्प से व्यक्तित्व में चमक आती है।
संकल्प मंजिल है। जो चलता है,
गिरता भी वही है।
जो गिरने के डर से चलता
ही नहीं है, वह चलना नहीं सीख पाता।

सच्ची आकांक्षा कभी अधूरी नहीं रहती

आपके पास शिक्षा का अभाव है। अल्प शिक्षित होने के कारण न तो कुछ प्रगति कर पाते हैं, न सम्मान पाते हैं। ऐसी दशा में दुःखी होने और कुड़कुडाने की तनिक भी आवश्यकता नहीं है। आज से ही कार्यक्रम बनाइये। दो घण्टे रोज पढ़ना आरंभ कर दीजिए। मत सोचिए कि अमुक साधन नहीं, अमुक वस्तु नहीं, अमुक कठिनाई है, अमुक अड़चन है। तनिक भी चिंता मत करिए। दृढ़ निश्चय कीजिए कि हम नित्य पड़ेंगे, अवश्य पढ़ेंगे, आलस्य और ढील पोल को पास भी न भटकने देंगे, निरंतर पढ़ना जारी रखेंगे। आपका यह निश्चय यदि दृढ़ रहा और कुछ दिन मानसिक दुर्बलता से लड़-झगड़कर उस क्रम को जारी रख सकें, पढ़ने के अभ्यास को स्वभाव में सम्मिलित कर सकें तो विश्वास रखिए आप कुछ ही दिनों में आज की अपेक्षा अनेक गुने सुशिक्षित होंगे। यह क्रम यदि निरंतर चलता रहा तो आप जीवन में उच्चतम सुशिक्षितों में से एक होंगे। जिन साधनों का अभाव आपको अभी परेशान कर रहा है, उन्हें जुटाने की सूझबूझ समय-समय पर उत्पन्न होती रहेगी और कोई रास्ता निकलता रहेगा जिससे आवश्यक सुविधाएं उपलब्ध होने लगे। आज तक किसी को भी सच्ची आकांक्षा अधूरी पड़ी नहीं रही है, उसे कोई न कोई मार्ग मिला ही है।

अमेरिका के प्रेसिडेंट अब्राहम लिंकन और जॉर्ज वाशिंगटन दयनीय दरिद्रता से ग्रसित परिस्थितियों में जन्मे थे। उनके परिवार की स्थिति इस योग्य बिल्कुल भी न थी कि वे पारिवारिक सहायता के बल पर तनिक भी आगे बढ़ सके। यदि उन्होंने अपनी व्यक्तिगत प्रतिभा का उपयोग न किया होता और परिस्थितियों के ऊपर अपने को छोड़ दिया होता तो वह किसी तरह पेट भर सकने वाले नगण्य व्यक्ति ही रह गए होते। उसने भीतर की प्रतिभा को जागृत किया अनवरत श्रम की साधना आरंभ की और 'जो करना सो पूरी तत्परता एवं दृढ़ता के साथ करना' का बीज मंत्र दुहराया। साधनों के अभाव की शिकायत धीरे-धीरे मिटती गईं, प्रतिकूलताएं हटती गईं और अनुकूलताएं उत्पन्न होती गईं। मनुष्य का मनोयोग अनुकूलताएं उत्पन्न करने में साधन जुटाने में असफल नहीं रहता। आकांक्षा और सूझबूझ वह रास्ता निकालती

ही रहती है जिससे कठिनाइयों का हल करना संभव हो सके।

संत बिनोवा का आजीवन व्यस्त कार्यक्रम रहा है। वे स्कूली शिक्षा एक छोटी सीमा तक ही प्राप्त कर सके पर उनने अपना वैयक्तिक अध्ययन क्रम निरंतर जारी रखा। फलतः वे संसार की प्रायः सभी प्रमुख भाषाओं और विचारधाराओं के विद्वान हुए। उनकी तुलना के मनीषी संसार में गिने-चुने ही होंगे। शिक्षा विषयक इतनी प्रगति के पीछे कोई चमत्कार नहीं, वरन उनका अनवरत क्रमबद्ध और मनोयोगपूर्वक किया हुआ श्रम ही है। यही राजमार्ग हम सबके लिए भी खुला पड़ा है, जो चाहे उस पर खुशी-खुशी चल सकता है। दो घण्टे निरंतर का अध्ययन किसी व्यक्ति को तीस वर्ष में समस्त प्रमुख भाषाओं का विद्वान बना सकता है।

जीवन देवता को साधे व मनोकामना पूरी करें

निर्धनता से बाहर निकलने और जिंदगी को सुखी खुशहाल बनाने के लिए कई लोग तरह-तरह के देवी देवताओं का पूजा पाठ, ध्यान, जप करते रहते हैं। सोचते हैं कि वे संतुष्ट होकर आशीर्वाद वरदान देंगे और मनोकामनाएं पूरी करेंगे। इसमें वे कितने सफल हो पाते हैं, कुछ कह नहीं सकते, क्योंकि यहाँ सब कुछ बाहरी शक्तियों की इच्छा पर निर्भर करता है, इसमें सेवक की क्या मर्जी? वह तो अनुनय विनय ही कर सकता है। आमतौर पर इसमें खीझ, निराशा और अनास्था ही हाथ लगती है, किंतु इस धरती पर एक ऐसा देवता जरूर है, जिसकी साधना कभी बेकार नहीं जाती। वह अपने भक्तों को कभी निराश नहीं करता। वह हाथों-हाथ मेहनत का फल देता है। इस देवता की खोज के लिए हमें बाहर भटकने की जरूरत नहीं, यह है हमारा सबसे नजदीकी जीवन देवता। इसको यदि हम सही ढंग से साथ ले, तो यही कल्पवृक्ष बन जाता है, जिसके नीचे बैठने से मन की सभी इच्छाएं पूरी हो जाती हैं। अतः बाहर भटकने की बजाए, जरूरत इतनी भर है कि हम अपने आप को संभाले, अपने को सुधारते व संवारते हुए जीवन देवता की साधना करें।

बाइबल में लिखा है "दुनिया का संपूर्ण साम्राज्य स्वयं में है। उसे जानिए।" विद्वान कार्लाइल ने भी कहा है, 'अपने को पहचानो।' इस प्रकार यूनानी

डायमंड बुक्स
नवीनतम साहित्य
हिंदी की 11 कालजयी कहानियाँ
हिन्दी की 21 सर्वश्रेष्ठ कहानियाँ
हिन्दी की 31 अनुपम कहानियाँ
अमीर बनो
पैसा कमाने के आसान तरीके
जेपीएस जौली
भारत-चीन
नए रिश्ते, नई राहें
विश्वमोहन
अनुश्री
कविताएँ
प्रेम दीवानी
सत्तांतरण
भारत की आज़ादी का स्वर्णिम सवेरा
डॉ. सतीश चतुर्वेदी
अज्ञातवास के हमसफर
जीतिए आप जीत सकते हैं
अतुल कुमार
Love You
जिंदगी
जेपीएस जौली
सफलता की ऊँची छलांग
जेपीएस जौली
21 श्रेष्ठ बालमन की कहानियाँ ऑस्ट्रेलिया
शक्तिस्वरूपा
भारत के 75 विस्मृत वीर
निडर प्रशासन
डायमंड बुक्स
X-30, ओखला इंडस्ट्रियल एरिया, फेज-II नई दिल्ली-110020 फोन : 011-40712100
ई-मेल : sales@dpb.in Shop online at www.diamondbook.in